聖路加国際病院名誉院長・理事長
日野原重明
Hinohara Shigeaki

音楽力

湯川れい子
Yukawa Reiko
音楽評論家

海竜社

音楽力

はじめに――芸術と科学とが織り交ざった語り合いの書に――

若くしてポピュラー・ロック音楽評論家としてデビューし、作詞家、ノンフィクション作家として、またテレビ・ラジオの魅力的なプログラムをこなす、文化的ポリタレントの湯川れい子さんと対談集を出版することを私は勧められた。この数年、私は立て続けに政治家、実業家、教育家、評論家と対談集を出版してきたので、少し休憩しようと思っていたところ、湯川れい子さんとの対談の話を頂いたので、今までとはまるで違った対談ができることを願ってお引き受けしたものがこの一冊となった次第である。

私は約二十年前から音楽療法の研究に関わり、音楽による心身の反応が病いの癒しに役立つというその科学的根拠を探すことに精一杯の努力を重ねてきた。

湯川れい子さんには、今私が理事長をしている日本音楽療法学会の評議員として学会活動を援助してもらっているが、去る二〇〇四年九月の倉敷市《くらしきし》での学術大会には特別講演をしていただいた。演題は「音楽って何だ？――音楽ファンの目から見た音楽療法への期待と提唱」という変わったものであった。

彼女が演壇に立って、あの優雅な姿と美しい笑顔と美声で講演を始められると、二千名の聴衆がシーンとして魔術にかかったようなイマジネーションの世界に連れて行かれる思いを全員が感じたのであった。

彼女の生まれ、育ちから身についた言葉の綾が美しい声でくり広げられた。時間の経過をすっかり忘れてしまったような観衆のシーンを見て、私は感心してしまった。

この本での会話は二人の生い立ちをそれぞれが語りながら、今や社会的には全く違った分野で働きつつ、二人は何か共通した芸術と科学とが織り交ざった語り合いの書となったように思う。私たちの話し合いに、読者の皆さんが心おきなく参加していただければと願っている次第である。

彼女は今や地球環境の問題解決のための社会的活動にも従事されているが、全ての行動に音楽と詩と知恵とが滲みでている感じがしてならない。しかもその勇気ある発言に私はエールを送っている今日の心境である。

二〇〇四年九月吉日

聖路加国際病院理事長・日本音楽療法学会理事長　日野原重明

♪音楽力……………………………〈目次〉

第4章　大自然と共鳴する音楽の力

第5章　なぜ音楽は人を癒すのか

装訂　三村　淳

第1章

音楽でつくられた私の人生

1　大好きな音楽と医療を統一できたら……

日野原重明

♪音楽と縁の切れることのない、私の育った環境

私の父は萩《はぎ》出身で、母は山口です。父は十六歳のときに山口市に勉強に行き、そこで宣教師《せんきょうし》に会いました。

「クリスチャンになりたい」

と萩の実家に連絡したところ、

「うちは熱心な浄土真宗だから、異教になる。もう勝手にしなさい」

と言われたそうです。彼は仕方なしに、神戸に行き、関西学院という始まったばかりのミッションスクールに入りました。中学を終えてその後、英語を集中して学ぶ専門部で勉強をし、山口市に帰って中学の英語の先生をしました。

しかし、どうしてもアメリカに行きたくて、二十四歳のとき、アメリカ合衆国のノースカロライナ州に渡ったのです。今のデューク大学に一九〇〇年に入学し、四年間勉強しました。

父は、そこでさまざまな文学と神学を学んだようです。そして帰ってきて結婚し、牧師になるはずだったのです。

ところが、ほんとうの神学校で勉強したいという思いを断ちがたく、また一九一一年から一年間、ニューヨーク市のユニオンセミナリーという有名な神学院に入りました。

私はその留守中に生まれました。つまり、父の二度目の留学中に、母方の実家である山口市で生まれたということになります。ですから、父は妻子を日本に置いて、学費をアルバイトで稼ぎながらの勉学だったわけです。

父は帰ってから二、三年後に、神戸に赴任し、立派な教会を建てました。私が神戸に行ったのが四歳のときです。それからずっと神戸で育ち、関西学院という父の出身校の中学部に通ったのです。

神戸は当時からサッカーが盛んだったので、私も外国人用の緑のグランドでサッカーを将来したいなと思っていたのですが、十歳のとき、腎臓炎で一年間運動を中止させられてしまいました。

そのとき、母が、

「ピアノが上手な宣教者のオックスフォード夫人にピアノを習ったら」

と言いました。まだ、

「ピアノを習うなんて女の子だ」

といじめられる時代でしたから、初めはうちにあったオルガンで練習をしていましたが、やがてオックスフォード夫人にピアノを正式に習うことになりました。

そして三年経《た》って入った関西学院のチャペルには、スタインウェイのピアノがあったのです。私はチャペルで生徒が朝拝の讃美歌を唄うとき、あの立派なピアノを弾けることを喜びました。

卒業のときに、ショパンの軍隊行進曲の『ポロネーズ』(イ長調とハ短調作品四〇番の一)を自分で勉強して弾きました。三高を経て、京大医学部に入学しましたが、一学年が経《た》ったとき、結核性胸膜炎に罹《かか》り休学を余儀なくされました。当時、父は広島女学院というミッションスクールの院長だったので、私はそこに帰省して、一年間養生しました。

病気上がりにはピアノを勉強し始め、父のミッションスクールの音楽の先生について二台のピアノでいっしょに弾かせてもらうなど、音楽との縁が切れることがありませんでした。窓の外から女の子が覗いているのを感じながら、二人で連弾するというのは、もう何とも言えない気分でした。

その後、ドビュッシーやフォーレの音楽が好きになって、これに似たような曲を書いてやろうと、我流《がりゅう》で曲を書いたのが大学の医学部の二年ごろでした。

私は十歳のとき、腎臓炎になったのをきっかけにピアノを習い始め、大学時代に結核で一年休んだのをきっかけにまた音楽に帰ったわけです。その失った二年間がなければ、音楽はここまで私に染み込まなかったと思います。

京都大学医学部の大学院時代には、三十五人くらいの教会の混声合唱団のコーラスを指導したり、フォーレの『レクイエム』の指揮をしたりもしました。

♪音楽で満ち満ちた私の人生

明治生まれの私が音楽と密接な関係を持てたのは、もちろん、今申し上げたようないきさつがあったからです。クリスチャンホームで育ったために、幼いときから、讃美歌など音楽に触れる機会も、普通の人より多かったかもしれません。

姉も音楽好きで、母も教会音楽に関心があって、自分で家の中でオルガンを弾いていましたから、音楽で満ち満ちている家庭だったのです。

私が中学四年のとき、今でいうなら高校一、二年ですが、私を含め四人の中学生で、瀬戸内海の海岸の町を回って、男声カルテットの演奏会を有料でやったこともあります。ダークダックスのようなグループなどまだいない時代ですから、今思えば、ずいぶん珍しい思いつきだったと思います。合唱のほかに友人の一人がバイオリン曲の『ユモレスク』を弾いたり、私が『乙女の祈り』を弾いたり、ショパンの『ポロネーズ』を弾いたりしました。そして山本有三の『海彦山彦』という劇をやったりもしました。若者がそういうことをするという草分けだったわけです。

しかし、戦前、欧米の音楽がまったく入ってこなかったかといえばそういうことはありません。レオ・シロタ、クロイツェルなど、何人もの音楽家が外国から来ていました。そして、戦争が始まる直前まで音楽会を開いていたのです。

音楽会を開催したのは、主として朝日新聞社でした。大阪朝日新聞社の音楽担当の方が私の数年先輩でした。彼は、私を弟のようにかわいがってくれたので、私は、どの音楽会でもフリーで入ることができました。

それから、この聖路加《せいろか》国際病院に京大の大学院を終えてから昭和十三年に就職することになり、チャペルのハモンド・オルガンを弾いたりしました。戦前の、古い病院には、山田耕筰《こうさく》先生も長く脳卒中を起こして入院されていたことがあります。先生は、『この道』の第一小節と同じメロディーと和音で始まる、ここの看護大学の校歌を作曲してくださいました。私は声楽家の山田夫人とも親しくさせていただきました。あのオペラ歌手の藤原義江《ふじわらよしえ》さんも入院され、クリスマス礼拝には独唱もされました。

そんなことで私は音楽家に触れる機会が多く、じかにいろいろな話を聴くことができました。こういう恵まれた音楽的環境にいたから、九十歳を過ぎたこの年になってからも、また音楽に深入りしているのでしょう。

♪惨憺《さんたん》たる戦時中の音楽環境

戦争中、今の看護大学の前身の聖ルカ女子専門学校の音楽の先生が北海道に疎開してしまいまして、生徒のための音楽の時間がなくなったのです。そしたら、校長先生に、

「君、音楽を教えたまえ」

と言われまして、私が音楽の時間にピアノを弾き、みんなと歌うことになりました。戦争中は歌うことが楽しみでした。歌で心が支えられたという思い出が残っています。

そして、昭和十七年くらいまでは、NHKのN響の日比野さんや有馬さんたちが戦争中もボランティアとしてチャペルの前のロビーで室内楽のアンサンブルをやってくれて、それがとても楽しかったのを覚えています。

ですから、開戦後の二年間は戦時でも音楽がありました。しかし、いよいよ昭和十九年になったら、塔の上の十字架はB29の爆撃の目標になるからと憲兵隊に言われて切り取られてしまいました。

そして、聖路加という名まえの由来は、セイント・ルーク（ルカ）というキリストの弟子の名だからこの呼び名を廃するように、また、「神の栄光のために」という礎石にあるその名称もよくないということで、その上に石をかぶせられました。

病院の名前も、大東亜中央病院という名前にさせられましたし、それからは惨憺《さんたん》たるものでした。終戦後は米軍の陸軍病院として接収され、そこには朝鮮戦争による傷病兵《しょうびょうへい》が入院することになりました。

2 音楽は神様からの人間への贈り物

湯川れい子

♪あらゆる芸術は、神の心を伝えるためにある

日野原先生のお話を伺っていると、戦争前の日本にも、かなり豊かな音楽環境や情報があったのですね。

「文学とは、もの言わぬ神の心を言葉にすることだ。私はその原稿用紙を耕す小作人だ」

この言葉は、やはり明治生まれの作家、芹沢《せりざわ》光治良《こうじろう》先生が、生前くり返しおっしゃっていたお言葉ですが、若いころに肺結核で療養しながら、作家活動を続けてこられた芹沢先生は、八十七歳のときに奥様を亡くされ、ご自分も死を覚悟されました。

ところが、そのとき、先生ご自身の表現によりますと、

「神様に枕を蹴っ飛ばされ、まだ死ぬときではない、これからこういうものを書きな

さい」

という不思議な宗教的体験をされたのだそうです。そこで、九十七歳になるまで、毎年一冊ずつ本を出し続けたという見事な生き方をなさいました。

たまたま私は同時進行形の形で、それら十冊の本を毎年一冊ずつ読んでいったのでしたが、書物というものが、なぜ、読む人に感動や元気を与えるのかが解ったような気がしたものです。

しかし、そうした感動を与えるものは、書物だけではありませんよね。

お米や野菜であっても、彫刻であっても、音楽であってもそうです。自分のエネルギーを燃やしながら、夢中になって純粋に何かを生み出そうとする作業はすべて、もの言わぬ神の心、大自然のオーダーを伝えるものなのだと考えていいのではないでしょうか。

たとえば私は、中学三年のとき、学校行事の一環としてカーク・ダグラス主演の『炎の人ゴッホ』を見に行ったことがあります。当時、子どもたちが勝手に映画館に行くことは禁じられていましたので、年に一回か二回ぐらい、教師に引率されての映画鑑賞会が催されたのでした。

そのころ、映画館はこぞって大スクリーンを実現し、それをシネマスコープと呼んでいました。その大スクリーンいっぱいに広がった『糸杉と星の道』と『ヒマワリ』の絵を見て、私は、感動のあまり、涙をぼろぼろとこぼしたのですが、その涙が一体何なのか、何に感激したのかと、あとあとまで考えてしまいました。

なぜなら、ヒマワリの花など、珍しいものでもなんでもないですよね。田んぼのあぜ道やわが家の庭には、うんざりするほど咲いています。でも、あぜ道や庭のヒマワリを見て、泣いたことなどありません。

いったい、絵とか彫刻というのは何なのでしょうか。生きている花や人間のほうがずっと美しい場合もあります。妙にデフォルメされて、時には花らしくも、人間らしくもないような絵や彫刻などが、人に与える感動の正体とはいったい何なのか。それが当時の私には、とても不思議でした。

もう一つ例をあげれば、会社の社長室や学校の校長室などに、書《しょ》が掛かっていることがあります。掛けた主は、

「これは誰それの書で、なかなかいいでしょう」

などと自慢なさいます。ところが、何と書いてあるのかを伺うと、大抵の場合、

「いやあ、何て書いてあるんですかね。昔聞いたことはあるんですが……」

なんて返事が返ってくるのです。つまり、そこから受け取る感動は、書いてある文字の意味ではなく、はっきりとした形を持たない勢いとでもいうか、エネルギーを受け止めているのだ、といえるのではないでしょうか。

音楽にしても同じことが言えます。私は仕事柄、資料もなしにテスト盤のレコードを聴くことが多いのですが、それはフランス語だったりオランダ語だったりします。ですから、歌詞の意味がわからないときも少なくありません。

しかし、その中に「いい!」という曲があるのです。いきなりハートをわしづかみにされたように感動してしまうわけです。声はだみ声だったり、トツトツと歌っているのに、なぜ感動するのでしょうか。やはり、何かがそこにあるからなのでしょう。

その何かとは一体何だと言われたら、私は、やはりそれは生きているというエネルギーだと思います。たとえ苦しんでいても、そこには楽しく生きなさい、頑張って生きなさいというメッセージが込められているのです。

もちろん、これらのアーティストが、芹沢先生のように、「もの言わぬ神の心を伝えるため」という使命感を持って歌っているわけではありません。ただ、自分が今生きてここに存在していること、そして何かを感じていること、つまり、自分という存在を表現したいがために、歌を歌い、楽器を手にしているのでしょう。

苦しみながら、自分の中にある〝想い〟というエネルギーの渦を一生懸命に、絵や彫刻や音楽にしているのです。ですから、そこには、創《つく》り手の全人格、全存在が表現されていることになります。それが苦しみであっても、喜びであっても。

聴き手である私は、理屈でそれらの作品を鑑賞するわけではありません。まず感動があって、その感動した理由を分析するのはあとの作業となります。この理屈ぬきの感動はどこからくるのかといえば、私たち自身のいのちや想いとの共鳴、共振からくるものだと思っていますが、それが結果として、私は神の心を伝えるものになっていると思うのです。「神」という言い方がいいのかどうかはわかりませんけれど。

♪ほんとうに共鳴できる音楽が「元氣の素」になる

不登校の子どもや、家庭内暴力で家族を悩ませている子どもに、好きな音楽を選ばせると、ガンガンにうるさいロックを選んだりします。そういうものを聴いているうちに、心が落ち着いてきて、

「ああ、モーツァルトもいいね」

という世界になっていくのですが、それは、彼らの心象風景そのものを物語っています。音楽療法の理論の中には、心の状態や変化に伴って、選ぶ音楽も変化していく「同質の原理」という言葉があります。この「同質の原理」は、肉体的、生理的、社会的な条件によって、また世代の違いとして表われることがあります。年代によって、好きな音楽に違いが出るのです。私などは、プレスリーやビートルズを体験していますから、あんなものは音楽ではないという意見に、さんざん悩まされてきました。

これはアートシュラーという人が理論的に提唱したといわれている「同質の原理」なのですが、古くは、十六世紀ごろに、ヨーロッパのお医者さんが発見していて、たとえば、うつ病の人がいたとします。私たちは、うつ病の人に元気になってもらいたいと思って、陽気な楽しい音楽を聴かせようとしがちです。

ところが、これはまったくの逆効果で、元気な音楽を無理やり聴かされた人は、さらに落ち込んでしまい、自殺してしまうことさえあります。つまり、効果的な方法は、「同質の原理」に基づいて、うつ病の人の心の状態に一致するような、それと同質の音楽を聴かせることなんですね。

音楽など、聴く気にもなれないと訴えるうつ病患者に、どんなものなら聴けるのかをカウンセリングしながら、いろいろな音楽を提示します。すると、ほんとうに陰陰《いんいん》滅滅《めつめつ》とした音楽を選んだりしますが、しかし、それを聴いて、ぼろぼろ泣いたり、もがいて苦しんだりしたのちに、ふっと、少しだけ元気になれるのです。

ほんとうに共鳴できる音楽を聴くことで、少し元気になる。なぜかというと、そうした音楽の中には、情緒的に働きかける部分があると同時に、「リズム」「音楽としてのリズム」があるからです。どんなに陰鬱《いんうつ》な音楽でも、そこにはリズムがありますから、それが心臓や脳に働きかけて、ホメオスタシス（定常性）を活性化させるわけです。それが、「少しだけ元気になる素」になるというわけです。

その段階で、またその状態と同じくらいの音楽を選んで、また少し元気になるといった具合に、「同質の原理」を利用して、次第に元気を取り戻していくのだと思います。

♪「がんばれ」よりも共感することが大事

心理セラピストに言わせますと、子どもに言ってはいけない三大禁句というのがあって、それは、「がんばれ」「だめ」「早く」という言葉なんだそうですね。それは相手がうつ病患者のときにもそっくり当てはまります。

日野原先生もおっしゃっていますけれど、ほんとうに落ち込んでいる人に、「元気を出しなさいよ。がんばって」は禁句なんですね。とにかくいっしょに話を聞いてあげて、

「大変だったね」

と共感することが大事だということです。無責任な目で見ればただの怠け病に見えたりしても、うつ病患者当人は、常人では想像もつかないほどがんばって、これ以上がんばれないと思っているところへ、もっとがんばれと言われたのでは落ち込むばかりです。言ってみれば、そこでもまた一種の「同質の原理」が働いていることになります。

あるいは、わが子が内気で友だちができないことを悩んだ親が、元気いっぱいの友だちに遊んでやってくれと頼むのも、うっかりするとこの原理に反するやり方かも知れません。

むしろ、同じような性格の友だちを見つけてやったほうがいい場合だってあるでしょう。

内気な子ども同士を同じ部屋に置いておくと、最初はたしかに、あっちとこっちを向いて一人遊びをしています。ところが、次第にいっしょに遊ぶようになるのです。ここでも「同質の原理」にも通じる共鳴現象が働いて、お互いが相手を気にし始めるタイミングがぴったり合うというわけです。

ですから、最初に挙げた不登校や家庭内暴力の子どもに、いわゆる、セラピー・ミュージックとか、ヒーリング・ミュージックとかという類《たぐい》の音楽を聴かせたら、

「こんなかったるいのを聴いていられるかよ。ふざけるな！」

という反感を買うことになります。

こうした「同質の原理」をうまく利用すれば、音楽嫌いな人間はいない、というのが私の実感なのです。

別に音楽療法と銘打っていなくても、それに類することは、古代ギリシャの時代から行われてきた、というか、私たちの生きる知恵として、先人たちは使ってきたんですね。

ですから音楽には、もっともっと活用できる方法がたくさんあるのではないでしょうか。

♪人間の感性の基をつくる三つの能力

近ごろは、とてもむごたらしい殺人事件や若者の犯罪が横行していて、日本人が壊れてきているな……と感じているのは私だけではないでしょう。経済が豊かだったときには、買い物をしたり、家を持ったりと、お金で解決できていた部分がありました。しかし、バブルがはじけた後は、それができなくなったために、とてもはっきりしてきたのは、心の空洞をお金で埋めていたのではないかということです。そして、豊かな経済は、家庭の団欒《だんらん》を奪うという皮肉な結果をも生み出しました。不況が押し寄せて、人々の拠《よ》りどころは、家族のコミュニケーションだけになってしまったというのに、気がついてみたら、その基盤となる家族というものが育っていない。家庭を築くための心情もノウハウも、またそのプロセスも形成されていないことが解ってきました。

いまさら、家族のコミュニケーションを取り戻そうとしても、ときすでに遅く、愛を知らずに育った人間が、愛情の返しかたを知るはずもありません。また、地域の教育力も落ちました。かつて、子どもは母親だけが独りで育てるものではありませんでした。自分の本当のおじいちゃんやおばあちゃんたちに、近所のおじさんやおばさんからも教えられて、自分には良いところも悪いところもたくさんあることに気づいたのです。それが核家族化してバラバラになってしまったことから、今の子どもは自分が何もので、どんな能力があるのかもわからないまま、親の価値観に振り回されています。そして、地域社会や子ども社会が失われて、他人とうまくコミュニケートできない人間が増えてしまった……というのが私の実感なのです。

こうした状況の中で、コミュニケートする手段を取り戻すために、何をしたらいいのでしょうか。それは、やはり、「おはよう」「おかえりなさい」などという、日常の挨拶が当たり前にできる生活環境をつくるところから始めないといけないのかもしれません。

さらに言えば、言葉が意味を持つ以前に、コミュニケーション手段として役に立っているものに子守唄があります。

これは、人間形成にとって、あるいは、家族関係を良好なものにするために、今もっとも大切な、急務ではないかと思っています。

私は、ほかの動物にはできなくて、人間だけにできることは、

「想像力を持つこと」

「歌を歌うこと」

「微笑《ほほえ》むこと」

の三つではないかと思うのです。これらは、人間社会を形作る感性の基になるものです。

その原点に戻っていくことが、景気回復よりも何よりも大切なことなのではないでしょうか。

そういう意味で、生まれてすぐからのコミュニケーションは、この三つの能力を磨くための必須条件です。

ですから、音楽は、癒しとか療法とかという以前に、人間として、人と共生するための手段として位置づけられるべきものではないかと考えています。

たとえば、私の母は、九十二歳の生涯でしたが、晩年は痴呆状態になり、最愛の私の顔すらわからなくなってしまっていました。それなのに、昔の歌はちゃんと覚えているのです。

メロディーに乗せると、言葉が出てくるという現象は、言葉がメロディーに乗って、頭の奥の、もしかしたら愛情よりも深いところにインプットされているという、なによりの証《あかし》なのではないでしょうか。

すべてが、記憶の彼方《かなた》に飛んでいってしまったかのような母でも、最後まで、人間だけに与えられた「歌う」能力だけは失わなかったのです。

♪怒るより、笑って暮らせる大人に……

大人の側の努力にもかかわらず、不登校の子どもは増加し、家庭内暴力に悩む家庭は多いようです。とはいえ、私は彼らに対して「こういう子どもたちこそ、まだまだ捨てたものではない」という思いを持ち続けてもいます。

なぜならば、彼らは社会や大人の「言いなりになれない」子どもたちなのです。自分は、ほんとうはもっと違うことがしたいとか、ここは自分のいるべき場所ではないというふうに感じているのではないでしょうか。

「今やらされていることに、一体どんな意味があるのだろうか」

そう思いつつ、それが何なのかわからないという不安が、不登校という形で表われているのであり、何のために自分は生まれてきたのかを、必死でアピールしているのではないかと思えて仕方がないのです。

きわめて単純な私の体験を申し上げると、私は子どものころ、十五歳になるまでコーヒーを飲んではいけないと言われていました。大人たちがおいしそうにコーヒーを飲んでいるのを見ては、早く大人になってコーヒーを飲みたいなァ……と思ったものです。

私が子どものころの大人は、憧れの対象でした。しかし、今の大人はどうでしょうか。早く大人になりたいと思わせるものを持っているでしょうか。残念ながら今の大人たちは実につまらなそうに見えるのです。

両親は、お説教か不満かグチばかりで、ニコニコと人生を楽しそうに過ごしているとはとても思えません。そして、テレビをひねれば不祥事だらけで、エリートと呼ばれる人たちがずらりと並んで、「申し訳ありません」と謝罪しています。

日本はこんなに豊かなのに、マイナスの情報ばかりを聞かされる子どもたちに、大人社会への憧れなんて生まれようはずがないのではないでしょうか。学校へ行くときも、ニコニコとごはんをつくって、行っていらっしゃいと送り出してくれるお母さんは多くありません。まして、帰ってきたらいっしょに遊ぼうね、と約束してくれるおじいちゃんやおばあちゃんもほとんどいなくなりました。

家族のコミュニケーションが失われた中で、圧力だけをかけられて育った子どもたちは、その憤懣《ふんまん》を自分より弱いもの、異端なものへのいじめとして向ける場合があります。

そして学校が終われば、今度は塾に追い立てられるのです。

今からもう二十年も前になるでしょうか。私は、夜の九時、十時に、外を通る塾帰りの子どもを見かけて、思わず涙をこぼしたことがあります。ランドセルを背負って、自転車に乗った小さい影に、「何をやっているの?」と、背中を抱きしめたい衝動に駆られたものです。

ですから、不登校や家庭内暴力に一種の救いを感じるのは、そんな子どもたちは、こうした生活をまだ拒絶できるエネルギーがあると思うからです。そのエネルギーを大切にしていく手段として、私は彼らに音楽を与えたいと思っています。

もちろん、音楽だけで救えるとは思いません。

でも、音楽を通して、「自分も何かやれるかもしれない」と考え始めた子どもたちに、何を見せてやれるか、私たちがどんなサンプルを見せてやれるかは、私たち大人に向けられた課題だと思うのです。

特に男性は、もう何万年もの間、群れの中でリーダーになるという教育を受けてきました。でも、これからは、マッチョな、肉体的、経済的な力を持つというだけではない、共生のための新しいヒーロー像を構築しなければならないのです。

人間が平和に共存共栄するためにはどうあるべきなのかを考え、二十一世紀の理想的な人間像とはどういうものかを親も教育者も政治家も、一緒に考えて打ち出していかないと、オスとしてのDNAを持った男の子たち（社会の中枢にある大人の男性たちも）は、今本当に苦しんでいるように思えてなりません。がんばるよりも、お互いの違いを受け入れて、笑って暮らせる大人になって欲しいと、心から思います。

とはいえ、不況でもがき苦しんでいる人に、今すぐにそれを望むことは酷なのでしょうね。

やはり、日野原先生のように音楽に造詣《ぞうけい》の深い方や、元気なおじいちゃん、おばあちゃん、そしてセラピストなどの出番がやってきたというべきなのでしょう。過去の価値観に疑問を持ちながらも、それを引きずって子どもを育てている私たち大人が、いかにすみやかに変われるか。それが今とても重要なテーマだと思っています。

♪「遊び」が自分で考える人間を育てる

私たちの世代が子どもだったころは、文字どおり「遊びが仕事」でした。学校から帰ってくると、「ただいま！」を言うより早くランドセルを投げ出し、遊びに行ったものです。そして、母親から、

「もうごはんよ、帰っていらっしゃい」

と呼ばれるまで遊びほうけていました。一体、何をしていたのだろうと思うくらい、遊びにほとんどの時間を費やしていたものです。母に呼ばれて帰宅し、ご飯を食べてからも、テレビなどないから、寝るまでまた遊びました。

しかし、「子どもは遊びが仕事」とはよく言ったもので、こうした「仕事」から、私たちは「人間」になるためのノウハウを学んだのです。人に限らず、猫の子でも、犬の子でも、あるいは、野生の狼やライオンの子どもでも、子どもというのは、くんずほぐれつ遊ぶことで、いろいろなことを覚えます。

遊ぶことで、喧嘩のときの手加減を覚え、遊ぶことで、ものの借りかたを覚え、遊ぶことで天敵を覚えるのです。

そして、生きていく方法を勉強します。右脳も左脳も遊ぶことで育ち、バランスのとれた大人になっていくのです。その遊びがなくなったら、どういう人間ができるのでしょうか。

それは、自分の力でものを考えることができない人間です。自分の力でものを考えられないような、判断する力のない、情報だけに左右される人間になってしまいます。

遊ぶ、つまり体を動かすことの大切さは、私が試みるセラピーでもよくわかります。

まず、相手に立っていただいて、

「みなさん、ちょっと立ってください。そして立って空を見て、こう手を広げて、頭の上に真っ青な空が広がっていると考えてください。さあ悲しいことを考えて。あなたの人生に起きた一番悲しいことを思い出してください」

と言います。

すると、戸惑いの空気が流れます。そこで、そのままの姿勢で、

「それでは、楽しかったことを思い出してください」

と聞いてみます。楽しかったことは何かしら思い出せるのです。

次に、今度は座っていただいて、

「それでは、悲しかったことを何でもいいから、思い出してみてください」と言います。すると、一様に体をすぼめて目を下に向け、まず体が悲しい姿勢をつくり出すんですね。

つまり、体の形は心の形と同じなのです。ということは、体を固くしてテレビの前に座り、ゲームに熱中する生活をしていたら、そういう姿勢にふさわしい発想と感性しか育たないということです。

今の子どもたちは、広びろとした青い空を知らず、季節ごとに咲く花も知らず、枯枝を使ってお湯を沸かすこともできません。

テレビの前の狭い空間の中の、バーチャルな世界しか知らないのです。バーチャルな世界には、痛みや喜びの生身《なまみ》の体験がありません。

こうした状態に置かれると、たとえば、今しきりに言われているジェンダー（社会的性差）の、ほんとうの意味も理解できないことになります。したがって、脳の仕組みからして本質的に違う性差への理解もありません。自分の性それ自体に、意味と誇りが持てなくなっているのです。

私は、何も、女性は女性らしく家庭に戻れとか、男の子には徴兵制度を復活しろと言っているのではありません。それとは全く正反対のことで、男とは違う四百ヘルッに近い声を持つ女性である母親が、赤ちゃんを抱くことの重要性を知ってほしいと思うのです。そして、男の人たちには、ほんとうのヒーローとは何か。それは軍隊的な規律を身につけることではない、という課題に取り組んでいただきたいと思っているのです。

くり返すようですが、生身の体をぶつけての遊びを体験しないと、人は、他人の痛みがわかったり、社会で起きていることと自分とを関連づけて考えたりする能力を育てることができません。これはとてもとても恐いことですよね。

♪音楽とは、音とリズムである

一般的に、音楽というと、耳から享受《きょうじゅ》するメロディーやハーモニーを称していることが多いようです。しかし、実は、音楽には音と同等の要素としてリズムがあります。リズムの重要性は、白ネズミ（ハツカネズミ）を使った研究者の次のような実験でも明らかです。

まず、ネズミを三つのグループに分けます。それぞれの籠《かご》に、チーズを二つずつ置き、片方のチーズには、かじると電流が流れるような細工をしておきます。そして、一つの籠のネズミには、ガーン、ガシャーン、ドシンなどと騒音を絶えず聞かせます。

二つ目の籠のグループには、テレビ番組が終了したあとの画面に流れているような音ですが、ホワイト・ノイズと呼ばれる広い周波数帯域を持った白色騒音を聞かせます。

これは、宇宙空間に流れているありとあらゆる周波数を総合したエネルギー音だといわれています。

そしてもう一つの籠のネズミに聞かせるのは音楽です。一定の穏やかなリズムとハーモニーを持った音楽ならば、モーツァルトでもビートルズでも氷川《ひかわ》きよしでも構いません。

この実験の結果わかったことは次のようなことでした。
①ガーン、ガシャーン、ドシンという騒音を聞かされ続けたネズミ。
次第に弁別《べんべつ》能力や学習能力を低下させ、どちらが電流の流れているチーズなのかがわからなくなってしまいました。
②ホワイト・ノイズを聞かされた集団。

経験による弁別能力や学習能力が上昇し、電流が流れているチーズのほうへは次第に行かなくなりました。

③穏やかな心地よいリズムと和音を持った音楽を聞かせたグループ。

ホワイト・ノイズを聞かせた場合よりも、弁別能力や学習能力の向上度がぐんと高くなりました。

このような実験結果を見てもわかるように、ハーモニーとリズムとは、私たち定常性（ホメオスタシス）と知性を持った生物にとっては、すごく大切だということです。

あのビートルズが出てきた六十年代頃から、音楽を聴きながら勉強する「ながら族」と呼ばれる子どもたちが増えて、世の大人たちを嘆かせたものでしたが、音楽を聴きながら勉強するということは、決して害にならないどころか、理屈に合っているということなのですよね。

それで気がつくのですが、世界中の健康法は呼吸法に行きつきます。人間は自ら呼吸を整えることによって、基本リズムを整えることができるのです。極端に速いリズムや強い音でないかぎり、あらゆるリズムに反応して、共振・共鳴しながら、自分の基本リズムを整える力が、生物にはあるということなのです。

つまり、この実験は、ホメオスタシスに対して、外から与えられるリズムが大いに寄与《きよ》している証の一つともなっています。ホメオスタシスとは、日本語で定常性と訳されていますが、高等生物が生体内外の諸変化に対して、ほぼ一定の状態を保ち続ける能力やシステムのことをいいます。

私たちは、眠っていても起きていても、自分の脳が認識して命令を下さなくても、交感神経と副交感神経が働いて、常に安定した状況で、必要なものが分泌されたり休んだりするようになっています。その代表的なものは、体温や血液成分の維持です。ちなみに、ホメオスタシスは、「似た状態にとどまる」という意味で、アメリカの生物学者、W・B・キャノンの造語だと言われていますが、ネズミを使った実験などで、この定常性が、外からの心地よいリズムによって一層整うことが明らかになりました。

あらゆる宗教、あらゆる健康法に呼吸法と音楽がある理由も、実はそこにあるのでしょう。

そうやって、音とリズムが肉体に働きかけて安定をもたらすのであるならば、たとえば、耳の不自由な人々も振動音によって音楽を楽しむことができます。耳や首の後ろから、骨伝導によって、音楽をキャッチできるのです。

それぞれの音には性質があり、振動数や波長の長さとなって表われますが、それを私たちは、耳で認識しながら聞いています。

でも、耳の不自由な人は、振動の大きさや波長の長さを体で認識しながら、聞くことができるのです。中でも、チェロは、人間の体に一番近い固有振動数を持っているといわれてます。

つまり、まったく耳が聞こえない状態でも、音楽の恩恵を享受できるわけです。振動は、それだけでリズムや周波数を持っています。背骨などに当てて振動を伝える機械もできていますし、今私が習っている小型のライアーという竪琴のような弦楽器を、耳の後ろに当ててビーンと弾《はじ》くと、素晴らしい伝導音として体中に伝わります。

さらに、音楽をアートとしてみた場合、情緒とか感情とか記憶などといったものに働きかける要素を持っていますから、人は、オカリナの音だけでも涙を流しますし、バイオリンの音に敏感に反応する人もいます。そしてそこに言葉やリズムが加われば、それらはさらにひとりひとり個別の記憶を呼び覚まし、さらなる情動を引き起こすことになります。

♪音が空気を浄化する

かつてチベットに行ったとき、私は前から欲しいと思っていたチベッタン・ベルを買いました。割れたような音だったらイヤだなとか、耳障《みみざわ》りな音は避けようなどと考えながら、いい音を探してあちこちのお店を物色していたときに、ふと思ったのです。

どうして世界中の多くの宗教に、このチーンとかゴーンとかという鐘、あるいはベルの音が存在するのでしょう。音の特徴としては、波打って広がっていくところがイメージされますが、そのことと何か関係があるのでしょうか。

それ以来、私は教会やお寺へ行くたびに、どうしてベルや鈴なのかを聞くようになりました。意外な質問だったと見えて、最初はとまどわれましたが、どうしてお寺では鐘を撞《つ》くのですか、どうしてお遍路《へんろ》さんは鈴を振るのですか、なぜ教会では鐘を鳴らすのですかなどという聞き方をしたら、ほぼ共通の返事が返ってきました。いずれも、

「悪魔を祓《はら》うためです」

「邪を祓うためです」

「空気をきれいにします」

「遠くまで音が伝わっていくからです」

「あたりを浄化するからです」

といったお返事を頂いて、波打って広がっていく音の性質が重要なのだという理由が判《わか》ったような気がしたものでした。

まだ科学的には立証されていないけれど、音が空気中を伝わっていくときに、何かが変化するのではないか。目には見えないけれども、その響きによって、空気の中の何かが変化するのではないでしょうか。

そう思ったとき、響き渡るものの代表として、私の頭には雷が思い浮かびました。同時に、私が雷を好きな理由も、そこにあるのでは？　と思ったのです。雷の凄《すさ》まじい音が通り過ぎると、ほんとうにあたりの空気がよくなるのです。

空気が爽やかになって、明らかに粒子がキラキラと変化しているのを感じます。稲《いな》妻《づま》というように、雷がたくさん鳴る年は稲の出来がいいという話を聞きますが、これもまんざら迷信ではないのではないでしょうか。

注意して見ていますと、雷は、古今東西至るところに登場してきます。たとえば、映画『十戒』では、エジプトを出たモーゼが民衆を連れて放浪しているとき、雲がピカピカ光りながら、彼をシナイ山に導いていきます。そしてシナイ山にたどりつくと、稲妻が光って、石版に十戒の文字を刻んだのでした。

私が大好きなエルヴィス・プレスリーも、生涯、稲妻のサインの指輪とネックレスをしていました。これは彼が「瞑想《めいそう》の庭」と名づけた庭に、お母さんを偲んで白いマリア像を作ったとき、そこに雷が落ちて、稲妻の形を刻んだことに由来しています。彼は、この時、神さまがメッセージをくれたと考えたといわれています。

彼はまた、自分がエルヴィス・プレスリーという人気者になったのは、神さまから「エレキ」（電気）を授かったからだと信じていました。自分の声で人が元気になるならば、それが神から与えられた自分の使命だと思ったのです。

東洋易学で調べると、エルヴィスの生まれは、年、月、日命のすべてが三碧木星《さんぺきもくせい》で、象徴が声と雷だということも、単なる偶然とは思えません。エルヴィスは、チベット密教の本にまで目を通し、自分を神の申し子と捉えていましたが、そう意識するかどうかだけの違いであって、私は人はみな神の子なのだと思っています。

雷は、「神が成《な》る」とも解釈できますが、神様の神という字は、「示して申す」と書きますけれど、この申という字は、日本の古神道《しんとう》の先生のお話では、「あきらかな証《あかし》」であり、「ひらめき」「稲妻」の意味があるのだとか。つまり、「はじめに音ありき」で、雷それ自体が神だというのが、神道での解釈らしいのです。それで神社に行くとピラピラと下がっているあの白い御幣《ごへい》は、稲光を表わしているというお話にも納得させられました。この稲妻の御幣の形というのが、実はエルヴィス・プレスリーが終生自分のシンボル・マークとしていた稲妻のデザインとまったく同じなのです。こういう偶然を知ると、つい自分の年を忘れてキャッキャッと喜んでしまうのですが、きっと科学的にも、そこには何か意味があると思っています。

地球に生命が誕生したときも、音や雷が関係していたのではないか。そして光や音や雷が、この世の原子の組み替えをしたと考えているのですが、これは穿《うが》ちすぎというものでしょうか。

そういえば、ギターやバイオリンなど、名人に弾いてもらえばもらうほど、楽器の音がよくなるという話があるのは、弦の響きによって材質の木の分子配列がきれいに並び替わるからだと聞いたことがありますが、これなども、あながち否定できないものがあると私は思っているのですけれど。

♪芸術はエネルギーそのものである

音楽から伝わってくるものは、音だけではなく、言葉だけでもなく、構成力でもなく、音質やリズムだけでもありません。また、それらを総合した何かだけでもありません。どんなに精巧な機械で組み立てても真似ができない、送り手の存在そのものとしかいい得ないものがあります。

そうすると、「その人」という存在は、どうやって伝わるのでしょうか。それはもしかしたら、エネルギーであり、「気」と呼ばれるものかもしれません。しかし、その「気」の力を測ることが、今の科学ではまだできないんですね。以前、私はダイヤモンドの重さを測るための、○・○何グラムまでを測れる秤《はかり》で、私の「気」の測定を試みたことがあります。

たしかに、秤の針はかすかにであっても動きます。力を入れればというのではなく、虚心坦懐《きょしんたんかい》に無心で手をかざすと針が動く。しかし、それが「気」と呼ばれる生命エネルギーを測る単位になるものかどうかは、私にはわかりません。

でも、この「気」と呼ばれるエネルギーは自分自身も持っているし、あらゆるところに存在していて、「気功」などで取り入れることができます。絵も彫刻も音楽も、そういうエネルギーを持っていることはたしかなのです。今の科学では、それを測る方法が、まだ見つかっていないということなのでしょう。

そしてそれは、測ることも抽出することもできないのですが、私たちの心や潜在意識よりもさらに深いところで、つながっているのではないでしょうか。そして、共鳴したり、共振して、増幅し、大きくなったり小さくなったりしながら、私たちの存在にかかわっているのではないか。

そう思わなければ、絵や彫刻を見、音楽を聴いたときに味わうあの感動を説明することができません。頭痛を頭痛薬で治しますというように、音楽をカプセルに入れて売ることはできませんが、あきらかに音楽は、私たちを癒す役割を果たしているのです。

世界保健機関（WHO）が、健康の定義の中に、「スピリチュアリティー」を入れたのは、こうした心よりも深いところにある意識の世界を認めているからなのではないでしょうか。「スピリチュアリティー」には、霊性、霊、精霊、など、いろいろな日本語を当てはめているようですが、いずれも誤解を受けそうな言葉ですね。

残念ながら、ぴたりとくる訳語が見つからないので、今長々と説明したことを踏まえて解釈していただけたらと思いますが、強いていえば、「霊性」と呼べる何かなのかもしれません。

たとえば、天災に見舞われたとき、閉じ込められた赤ちゃんが一カ月も生き延びていたなどという話を聞くと、私はそこに、天の配剤《はいざい》を感じるのです。「生きなさい。生きられるようにこの世はできているのだから。そういうふうにあなたは生まれているのだよ」

という、私たちを生かしてくれているシステムというか、大もとの成り立ちと、根源的な意識を「スピリチュアリティー」というのではないか。それを「サムシング・グレート」と名付けられた先生もいらっしゃいますが、ともかく、すべてのものには、私たちの認知能力を超えた振動があり、意識があり、リズムや音があって、それが私たちのエネルギーの素になっているのです。そしてこの宇宙には、あらゆる情報が叩き込まれている世界があって、私たちはふとしたはずみに、それとつながることがあるのかもしれない。そして、もしかしたら、あらゆる芸術は、その媒体《ばいたい》としての役割を持っているのではないでしょうか。

数年前までは、手話で話している人々は、とかく違和感をもって見られたものでした。しかし、耳の不自由な人を主人公にしたテレビドラマが高視聴率だったことなどの影響もあり、手話は電車の中などでも普通に見られる光景になりました。

そのリズミカルな手の動きは、実に美しく、無音の音楽が奏でられているような気持ちがすることがあります。また最近アメリカなどでは新たなコミュニケーションの手段として、言語がまだ修得できていない幼児たちに、手話を使う試みをしている人たちもいます。

そうすると、二歳にもならない子どもたちが、とてもたくさんの意思や欲求を表現するようになるのだそうですが、これは素晴らしいことだと思います。それで子どもはストレスをなくして、ストレートに成長できるといいます。

そしてその後の、言葉への移行もスムーズで、上手に人とコミュニケートできるようになるといいますから、コミュニケーションが下手になった現代、手話は、音楽とともに重要なコミュニケートの手段になるかもしれません。

第2章

芸術が持つ大きな力

3　音楽は魂に直接働きかける力を持っている

日野原重明

♪私はなぜミュージカル『葉っぱのフレディ』をつくったか

二〇〇四年三月三十日、私は九十二歳の人生の中で、はじめてミュージカルの舞台に立ちました。この年齢でのミュージカル初出演は、なんとギネスブックものだそうです。

場所は、戸田《とだ》市の文化会館。桜はもう満開でしたが、あいにくの雨でした。

演目は二〇〇四キッズミュージカル『葉っぱのフレディ―いのちの旅―』……。そうです。このミュージカルは、一九九八年に出版社、童話屋から発売された同名の絵本（レオ・バスカーリア著、みらいなな訳）を音楽劇にしたものです。

ご存じのように、この絵本は、子ども向きの絵本という枠を超えて、お年寄りから若い人までひじょうに広い読者層から支持され、ミリオンセラーになりました。

お読みになった人も多いでしょうが、この絵本は、「死別の悲しみに直面した子どもたち、死について的確な説明ができない大人たち、死と無縁のように青春を謳歌《おうか》している若者たちのために」描かれたといいます。

内容は、かえでの木の新参《しんざん》ものの葉っぱ、フレディが、その兄貴格のダニエルから、自分たち葉っぱの役割は何かということを教えられる会話で構成されています。

——春に芽を出した葉っぱは、夏には自分たちが身を寄せ合って木陰をつくり、村人に憩《いこ》いの場を提供する。秋になると、葉は赤や黄色に染まり、人々の目を楽しませる。しかし、秋が過ぎ、冷たい風の吹くころになると、葉は散って地に還《かえ》り、雪に埋もれて地の養分や水分となり、樹の成長に還元される……。

「変わる」ことは生きものにとって自然なことで、散ることは怖いことではなく、いのちは循環するものだという輪廻《りんね》の思想が優しく語りかけられます。

私は、この絵本を最初に手にしたときから、言い知れぬ感動に打たれていました。作者であるカリフォルニア大学教授のバスカーリアさんが、この本で一心に伝えようとしていることが、日ごろ私が考えていることとぴったり一致し、しかもそれを実に美しく感動的に伝えてくれていたからです。

ミュージカル化の話も、もとをただせばこの絵本を見た私が、全編に流れる素晴らしいメッセージの響きに音楽を感じ、これをなんらかの音楽的手法、たとえばミュージカルの形で伝えられたら、もっとこの感動は大きく広がるのではないかと提案したところから始まりました。

私がこんなことを思ったのにも、実は一つのきっかけがあります。自ら監修を務め、出演もしたテレビ番組を見て、あるヒントを得たのです。

その番組というのは、医療現場の最前線で働く看護師さんのひたむきな姿を伝えるフジテレビ系列のヒューマンドキュメンタリー「感動の看護婦最前線」シリーズでした。

この番組を見ると、私がいつも当たり前のように目にしていた医療現場が、映像と音楽の持つ力によって、何倍も感動的に心に迫ってきたのです。

私は少年時代から音楽が好きで、将来は医者になるか音楽の道に進むか迷ったくらいですから、今でも「音楽」の力を信じ、この本でこれからお話しようとしている「音楽療法」にも力を入れています。

そんなこんなで、『葉っぱのフレディ』も、ミュージカルなら、詩のようなセリフと美しい音楽にのせて、より多くの人に「命の尊厳」というメッセージを伝えられるのではないかと考えたのです。

♪ミューズの神の魔法で出来上がったミュージカル

ミュージカルとなると、まずはシナリオが必要です。結局は言い出しっぺである私がシナリオを書くことになり、いそがしい仕事の合間を縫ってそれが完成したのが二〇〇〇年のはじめでした。

原作に加えて、私自身の分身のような老哲学者ルーク、女優の仕事に悩むメアリー、恋の危機に直面する若いカップル、クリスとマークなど、新しいキャラクターも登場させ、私なりに練り上げた脚本でした。

シナリオが完成した日、絵本の訳者であるみらいななさんに、「一回でいいから舞台に乗せたいね」と言ったのですが、すぐには舞台化が決まりませんでした。

このシナリオ自体は、フレディに関する私のほかの文章などといっしょに出版されることになったのですが、肝心のミュージカルがなかなか具体化しなかったのです。

そんな状況が急に動き出したのは、看護師のドキュメンタリーでお世話になったフジテレビのキャスター・黒岩祐治《くろいわゆうじ》さんに、総合プロデューサーをお願いしてからでした。

それからの進行は、まさに奇跡、神業《かみわざ》としか言いようがありません。黒岩さんの呼びかけで集まった皆さんが音楽の不思議な力に動かされ、ミューズの神の魔法にかかったようにミュージカルができあがっていったのです。

二〇〇〇年十月二十九日、ついに念願のミュージカル『葉っぱのフレディ――いのちの旅――』が、東京・世田谷区の昭和女子大学人見記念講堂で初演されました。初演は大成功でした。定員二千人の会場は満員で、葉っぱの衣装に身を包んだ四十人の出演者、葉っぱ役の子どもたちが舞台いっぱいに踊り歌いました。

ほどなく二〇〇一年の再演が決まり、二〇〇一年八月の東京、大阪の公演のあとも、再演希望の声が多く、二〇〇四年改めて組まれたプロジェクトが、冒頭お話しした二〇〇四キッズミュージカル『葉っぱのフレディ――いのちの旅――』です。

この二〇〇四プロジェクトは春の部と夏の部で、合計二十回近い公演が組まれていましたが、制作発表の席で発言を求められ、

「三年前から七十五歳になったら新しい自分を開発しようという『新老人運動』を提唱しているので、頼まれたからにはやってみよう、と挑戦することにしました。どうせやるんだったら、一流をやるぞという気概ですよ」と出演を宣言してしまったのです。ただ、結局はスケジュールの関係で、この春の六公演中では、戸田市の公演だけになってしまいました。

役どころは、私がシナリオで創出した老哲学者ルーク。「今日は、みなさんに、いのちについての大切な物語をご紹介します」で始まる台本二ページ分の長いセリフがありましたが、ほとんど練習なしのぶっつけ本番で、三分半の一人芝居をなんとか無事やりとげました。

そしてカーテンコールでは出演者の子どもたちといっしょに歌い踊り、手拍子を打って、満員の観客から大喝采《かっさい》をあびました。

公演後に、八歳の男の子から感想文を直接もらいました。彼は細かい演出などもよくわかっていて、「もう一度見たい」と書いてありました。企画者であり、脚本原案の書き手であり、そして何よりも舞台上の出演者である私への、これが何よりの讃辞《さんじ》でした。

改めて音楽の力、理屈抜きで心に染み入り、心を励まし、あるいは癒してくれる偉大な力を痛感し、もっともっとこんなに素晴らしい「音楽」の力を生かしたい、「音楽療法」などにも世の理解を深めてもらいたい、そう思って私のミュージカル初体験を紹介させていただいたのです。

♪音楽や手話が心のコミュニケーションを深める

今までいろいろなところで申し上げているのですが、私は、「音楽療法」をライフワークの一つにしています。日本では、音楽療法を正規の学科として採用している音楽大学はまだ少なく、しかし幾つかの専門学校がそれぞれのカリキュラムで専門家を養成しはじめたという段階です。

ですから、音楽療法の専門家、音楽療法士などの国家による認定制度などはもちろんありません。つまり、日本の音楽療法士は、学会による民間の認定止まりで確固《かっこ》とした身分が定まらないままで仕事に従事しているといえます。

そういう意味で、欧米に比べて半世紀は遅れているでしょう。

この音楽療法を日本に根づかせたいと思った理由はたくさんありますが、その一つは、アメリカの音楽教師であるガストン（一九〇一～一九七〇）が言った次のような言葉でした。

「もし、言葉を使うことだけで、人と人の心がコミュニケートできるならば、音楽などはなかったし、音楽が生まれる必要もなかったでしょう」

ガストンは、アメリカ合衆国で、ミュージック・セラピーの効用を最初に提唱した人です。カンザス大学で、音楽を教えていた彼は、五十七歳になった一九五八年に、音楽療法についての著書を著《あらわ》しています。

その中で、音楽が、薬や手術や放射線治療などでは治らない病気を治す力を持っていることを、臨床的にくり返し語っています。たとえば、うつ病や自閉症、あるいは末期の癌患者さんにもある程度の効果が期待されるというのです。

アメリカにおける音楽療法の開拓者、ガストンの言った右の素晴らしい言葉に私は大いに触発《しょくはつ》されました。音楽は、私の人生にとっても大きな役割を果たしてくれるものと、改めて認識することができたからです。

人生の節目《ふしめ》節目で、言葉にならない人間の心の通い合いが音楽で与えられてきたように思います。人間は、言葉にならない心の動きが音楽によって流れる、という特権を持っているということではないでしょうか。

また、私は年をとるにつれ、だんだんと子どもに関心が出てきました。私の本をお父さん、お母さんが読んでくださっているせいか、病院の向かいの小学校五年生くらいのかわいい子どもが時々やってきて、

「先生、握手してください」

などと言ってくれます。

九十歳過ぎた私が、子どもと話ができるのは、ちょっと不思議に思われるかもしれませんが、人間というのは年齢を超えてタッチできるのです。

こうしたことで、お互いに、気をもらい合うという感じがします。

今、アメリカではおもしろいことをしています。言葉がまだ出ない子どもは、泣いたり笑ったりして気持ちを表現しますが、その言葉の役目を、手話でやろうという研究会がアメリカにはあるのです。

たとえば、親指を立てるポーズは飛行機と決めたとします。そして、何か音がしたときに、子どもの前でこのポーズをすると、子どもは上を見上げます。

そういう手話を、両親と子どもとで、連動して行います。それは、子どもの言葉が

出る前に、早くからコミュニケーションを持とうという試みです。

何が欲しいとか、痛いとか、嫌だとかという自分の欲求を親に伝えることで、子どもの情緒も安定すると思われます。

♪音楽療法で遭遇した奇跡の数々

音楽療法をしていると、奇跡のようなできごとに遭遇することがあります。呼吸法に体を合わせていくと、音楽と波長が合ってきます。そして、少しリズムが出てくるとほんとうに躍動的になっていきます。

これは、パーキンソン病の患者さんにも効果的です。パーキンソン病の特徴は、体が硬くなることです。しかし、

「ワルツをかけていっしょに踊りましょう」

と、踊り始めると、固まっていた体が、フワーッとなって硬直が取れるのです。でも止めると、三分くらいでまた硬くなります。不思議なことです。

おそらく、踊っている間は、音楽によって脳の緊張が取れるのでしょう。これをペットスキャンで見れば、音楽をかけたとたんに、血液の流れがどこかで変わってきてい

るのではないでしょうか。

それから、脳卒中になってから二年間失語症になってしまった患者さんの事例にも驚かされました。私は、主治医の先生に、

「音楽療法のテストだから、難しいと思うけど、患者さんを貸してください」

と言いました。主治医の方は、

「日野原先生、二年間言葉が出ないんですよ、今さら」

と言いましたが、

「でもまあ」

と言って音楽療法をしたのです。どうやらその患者さんはカラオケが好きだったようで、奥さんに、

「何の曲が好きでしたか？　得意な曲はありましたか？」

と尋ねて、その音楽をかけたのです。しばらくすると、曲に乗って、

「アー」

と声が出てきました。さらにもうしばらくしたら、歌に言葉が乗ってきたのです！

私もビックリしました。

「あー、歌は歌えるね」

　と言ってあげてから、部屋に帰ったのですが、なんと部屋に入ってきた看護師さんに、

「ありがとう」

「おはよう」

　と言うではありませんか！　言葉が二年ぶりに出たわけです。私は、これは奇跡かと思いました。

　しばらく音楽をかけて、歌っていく間に、フッと言葉の一部が乗ったから、アレッ？と思ったのがきっかけでした。

　歌謡曲をたくさん歌う人を見ると、よく歌詞を覚えているな、頭が良いなあと思って感心することがありますが、

「歌詞を書いてください」

　と言うと、ウーンと考えてしまって書くのは難しいのです。それなのに、歌っていると、考えなくても出てくるのは、ほんとうに不思議なことです。脳にあるなんとなくタツノオトシゴの形に似た「海馬《かいば》」というところが記憶中枢《きおくちゅうすう》なのですが、ここに、

メロディーに乗って言葉が入っているのでしょう。

メンデルスゾーンの歌曲に『歌の翼に』というのがありますが、メロディーが良いと翼に言葉が乗るのです。

♪記憶はメロディーに乗っている

私の患者さんで、高校の同窓生がいます。私の名前も、3＋5もわからない痴呆《ちほう》の患者さんですが、驚くことにそんな彼が母校である第三高等学校の寮歌を、何番もズーッと歌い出したのです。

「時間がないから最後はどうなの？」

と言うと、十何節もある歌の最後をしっかりと歌ってくれました。私は寮に入らなかったので、長い寮歌を覚えていないのですが、痴呆の人が、私が歌えないような歌を、曲といっしょに歌うのです。

痴呆の人だからと言って、何でもかんでも痴呆なわけではないのです。

また、英語の先生だったという脳卒中の患者さんは、

「どうですか」

と言うより、

「How do you do?」

と言ったほうが言葉が出てきます。記憶とはおもしろいもので、メロディーに乗っているのです。先ほど申しあげたような、パーキンソンの筋《すじ》の硬直も、メロディーに乗って動いている間は取れてしまうわけです。それは、奇跡のように感じますが、音楽は緊張を取るところにじかに入るからでしょう。

子どものときの記憶や音楽は強いものです。

たとえば、八十過ぎの人で一年前に亡くなりましたが、一カ月に一回往診していた患者さんがいます。神戸のランバス幼稚園の同窓生で、私のほうが先輩でした。その彼女が脳梗塞《のうこうそく》を起こして言葉が出なくなったのです。私は、幼稚園時代の歌を歌わせようとして、

「結んで開いて〜」

と歌ったのです。すると動作をやって、今言ったように言葉とメロディーが出てきました。ですから、私が往診するときは、いつもこの歌で始めていました。そうするとコミュニケーションを取ることができました。

ちなみに今の話は音やメロディーの記憶についての話ですが、免疫の研究でノーベル賞をもらった利根川進《とねがわすすむ》さんは、医者ではなく、理学部出身で、この記憶をテーマにしています。

先ほども言ったように、脳の記憶をする場所は海馬《かいば》という頭の横にある部分だとわかっています。ペットスキャンで見た場合、そこが刺激されると血の流れが良くなるのです。

しかし、そのメカニズムとなるとわからないので、彼は、その理論をつくっているわけです。

♪体で感じる音楽の聴き方

ボディーソニックスという言葉をご存じでしょうか。日本語で言うと、ボディーは「体」、ソニックは「音波の」という意味になりますから、音波を体で感じることというような意味になると思います。

たとえば、私たちは、音楽を音楽会で聴くとき、空気伝導でその音を聴きます。しかし、その低い音を、演奏家と同じフロアに行って近くで聴くと、空気伝導ではなく、フロアから直接、私の足に感じることができます。

子どものときに、私は、海中にもぐって石をカチカチと合わせて遊んだことがあります。そのとき、空気中で石をカチカチと合わせても、二十メートルも離れた人には、その音はあまり聞こえません。

ところが、これを水の中で叩くと、耳元でカチカチと聞こえるのです。これは、音が固体で伝導するからです。

特に、低い音は固体伝導しやすいので、低い音の演奏を同じ床で聴くと、体がいっしょに振動します。共鳴するわけです。

N響のチェロの演奏家だった徳永《とくなが》兼一郎《けんいちろう》さんは、数年前に癌で亡くなられたのですが、亡くなる一カ月余り前のこと、癌の末期で、下半身がしびれていましたから、演奏会はできませんでしたが、もう一度ホスピスの中で弾きたいとおっしゃって、チェロをおなかの上に抱えて、寝たままで弾いておられたのです。そこで私は、

「車椅子でチェロを支えて滑らないようにしますから、お弟子さんやら親しい友人を集めてお別れの演奏会をしませんか」

と言ったのです。

当日は、徳永さんのお弟子さんがみんな集まり、さらに患者さんが十五〜二十人ほど集まって、全体で数十人になりました。

そして一時間ほどチェロを弾いて、最後にチェロの世界的名手、パブロ・カザルスが国連で世界平和を願って弾いたことで有名なスペイン・カタルーニャ地方のクリスマスの民謡『鳥の歌』を弾いてくれました。

歌詞は歌われませんでしたが、次のような内容です。

1、光さして愛はあふれ　夜明けのときよ
　　空につどう鳥のこえは　よろこび　あふれる

2、風にのり　高くうたう　鳥たちは　つげる
　　罪とけがれ　ぬぐいたもう　救い主　生まれぬ

（訳詞　河合隆一）

そのときに私は、

「この方は癌の末期でいずれ亡くなります。お葬式のときにはこの方はおられないわ

けです。今日は当人が演奏されるお別れのリサイタルです。皆さんよく聴いてください」と話しました。聴きながらほとんどの人が、涙を拭おうともしませんでした。

徳永さんから一メートルくらいの距離の席で私が演奏を聴いていると、そのチェロの低音部の音の振動が、グーッとそのまま私の体に響いてきました。これは、音楽会では聴くことのできない音です。普通の演奏会では経験できないことです。

あのような低音の強い楽器というのは、広いステージではなく、室内楽で、特に同じフロアで聴くと体でバイブレーションを感じるものだということがよくわかりました。また、年をとって難聴になると、下の音が聴こえにくくなってきます。しかしそのとき、楽器に直接手を触れたり、あるいは、そばで椅子に座って、床から音楽を感じたりすると、聴覚では聴こえない低音部を感じることができます。

低音が体に伝導することによって、音はひじょうに立体的な音として感じられるわけです。そのようにして曲を聴かせてもらうと、もの凄く満たされた気持ちになります。体の中に音が入ってくるような感じがするのです。

生涯最後の演奏を、いのちの火を必死になって掻きたてながら弾いてくれた徳永さんのあのチェロの音を、私は一生どころか死んでも忘れないでしょう。

♪スピリチュアリティーが人をつき動かす

人は、心と体と魂の三つで成り立っているといわれてきましたが、魂の存在については疑う人もいるかもしれません。

昔、人の心は心臓にあると思われていたものが、脳の働きで心臓に刺激が伝達されるということも判明しました。ですから、すべては、脳の働きに帰するという説もあるでしょう。

しかし、人間は機械ではないのですから、ある程度の知識があり、健康が保たれていても、その人が人間として健やかであるとは、なかなか言えるものではありません。

逆に、『五体不満足』という本を書かれた乙武洋匡《おとたけひろただ》さんのように、身体的には、大変な欠陥を持っていても、とてもさわやかに生きている人もいます。それは、人間にスピリットがあるからでしょう。私は彼と対談をしたときに、

「不便でしょう」

と聞いてみました。すると彼は、

「不便だけど不幸ではありません」

と言いました。人間としての生きがいを、彼が持っているということは、やはり体と心だけでなく、その人をグッと押し出している「気」というものがあるためではないでしょうか。

世界保健機関（WHO）は、健康の定義にスピリットも範疇《はんちゅう》に入れようという提案をしました。それはやはり、身体的、精神的、社会的なもの、それだけでは足りないという認識をしているからに違いありません。

とはいえ、日本でスピリットを議論するのはまだ早いかもしれません。先日、教育改革案の教育基本法ができて、私は、その中間報告の審議会に呼ばれました。そこで「学校にいる間に、宗教とはどんなものかを冷静に理解させないと、医者やナースになったときに、患者が信仰する宗教が、病気の癒しに関与していることを知らないで、薬だけでいいよとなってしまう。もちろん、それでは心が通じない。だから、教育の中に宗教的なことが理解できるような訓練が必要だ」

と私の意見を申してきました。信仰者には、信仰というものが、気持ちに大きなドライブをかけるものになっています。そういう教育の姿勢に今後期待したいと思っています。

4　和音・演奏・祈りは心の薬そのもの

湯川れい子

♪和音の響きは、癒しの音である

曹洞宗《そうとうしゅう》の寺院では、年に一回、「大般若《だいはんにゃ》」という行事が行われます。八人ぐらいの僧侶が集まって、お経を唱和しながら、蔵にしまっておいた経典をめくり上げていきます。手許から高く放り上げるようにして、扇状《おうぎじょう》にたたまれた経典をさばいていくさまは、パフォーマンスに満ち溢れ、一見の価値があります。

この行事は、めくり上げることで、経典の数だけお経を唱えたという意味があるのと同時に、虫干しをするという意味もあると聞いたことがあります。

私が興味を引かれたのは、お経を唱和するときのハーモニーの見事さでした。

太い声の僧侶と、ちょっと高い声の僧侶の声が、うまく調和して、こちらの心にずんずんと響いてくる快さを感じたのです。伺うところによると、やはり、そうしたいろいろな声の方を選んでいるということでした。

チベットの寺院の有名な読経《どきょう》も同様で、西洋音楽の和音とは違うものですが、この広い意味での「和音」は、人の心に強く訴える力を持っています。モンゴルには、「ホーミー」といって、一人で二つの声を出す技術の持ち主もたくさんいます。

そういった和音がどうして、人を癒す力を持っているのでしょう。そんなことを考えていたとき、私の頭に浮かんだのは東洋医学でした。西洋医学と東洋医学の大きな違いは、西洋医学が、人の体を臓器という機械の部品の集まりと捉えるのに対して、東洋医学はひとつながりの全体として捉えることです。

西洋医学にはいくつもの診療科目があって、東洋医学にはそれがない理由もそこにあります。東洋医学の医療機関に行って、腰が痛いのに、おなかや背中の治療をされたという人もいらっしゃるのではないでしょうか。文字どおり、「痛くもない腹を探られた」わけです。

けれど、人の体をひとつながりのものとして見た場合、臓器と臓器の間には空間があることに気がつきます。そして、すべての臓器は、水を含んでいます。人間の体は水でできているといいますが、七十パーセントから八十パーセント、赤ちゃんでしたら、何と九十パーセントまでもが水なのです。

つまり、人の体を、単体の臓器の集まりと捉えないで「場」として捉えると、この「場」というものが、いろいろな影響を受けていると考えることができます。当然それは、振動し、共鳴し、共振しているわけです。

私は、音楽療法の一環として、太鼓のリズムを利用したり、ダンスをしたり、あるいは、デーンと寝て音楽を聴いて、心の中で情景をイメージしていただくということなどもしています。

すると、参加者たちは、音やリズムやハーモニーに込められたメッセージを体全体で受け止めてくれるのです。そしてそのことによって、それぞれの人が、自分のいろいろな場の調整を図っているという感覚が伝わってきます。

音楽療法にはいろいろな方法があります。音楽を音楽として楽しめる人たちばかりではなく、精神障害や発育障害に悩む人もいます。

ですから、音楽の持ついろいろな要素が相互的に作用しながら、いろいろな効果を与えてくれるわけです。

たとえば、脳幹をリズムで刺激して、そこに音があるために、体がうまく反応できて、記憶喪失が治ったという例があります。

音やリズムは、生理的な刺激として働きかける場合もありますし、情緒的に働きかける力も持っているということです。

あらゆる動物の中で、人間だけが「楽器」を手にし、「音楽」を作って楽しむ力を持っていますが、この音楽は、空洞の木を叩いたり、折れていた葦《あし》を吹いたりすることから始まったのかもしれません。

しかし、もしかしたら、言語が発達する以前から、人は「あー」とか「うー」とかという音を情緒的に発することで、深く他者と、コミュニケートしてきたのではないでしょうか。音楽は恋愛の表現として始まったという説があるのもうなずけるところです。

♪音楽療法＝モーツァルトはほんとうか

私の知人が、極度の低血圧に悩まされて、音楽療法を受けていたことがあります。血圧を測ってから音楽を聴くのですが、そのとき選ばれた音楽が、なぜかモーツァルトだったそうです。

その人の血圧は、年とともに上がってきて、今ではとても元気に生活していますが、それがモーツァルトのおかげか、年齢のせいかははっきりわからないと言いつつも、モーツァルトを聴くとたしかに気持ちがよくなるので、今でも毎朝モーツァルトを聴いているそうです。

また、『タンパク質の音楽』（深川洋一著、筑摩書房）という書物によると、私たちの体の中にあるたんぱく質の配列を、楽器に置き換えて音を出していくと、モーツァルトの音楽に近いというおもしろい結果になったという報告がなされています。

モーツァルトを聴かせると、牛がお乳をたくさん出すようになるのも、お乳の中に含まれているたんぱく質の配列が一致するからなのだそうです。酒造所でモーツァルトを流すと、いいお酒ができると聞いたこともあります。

なぜモーツァルトなのでしょうか。

日野原先生も、モーツァルトの音楽は、人間の声の音域で書かれている、と語っておられますが、特に、高音の部分は、赤ちゃんがおなかの中で聞いているお母さんの声や、血流の周波数に近いという説もあります。

四百ヘルツ前後の女性の声に、人間も植物も、もっとも心地良い反応を示すということは、すでに実験でも証明されていますが、ある小学校の先生は、お母さんが明るい声で「おはよう」と言ってくれる家庭の子どもに、不登校の子どもはまずいないとまで断言していました。

この明るい「おはよう！」のヘルツ数が、もしかしたらモーツァルトに限りなく近いのかもしれません。

そんな理由からか、モーツァルトの曲を元にしたヒーリング・ミュージックをつくろうという試みがなされたことがあります。

胎内の赤ちゃんが羊水の中で聞いているという八千ヘルツの周波数を持った音で、モーツァルトの音楽に特殊加工を施したもので、そうやって出来上がった曲を、私も聞かされたことがあります。

ところが、私にはどうにも耐えられないシロモノでした。美しくないし、気持ちよくもならないのです。

つまり、音楽の中のひとつの要素だけを取り出してみても、優れた音楽が人に与える感動や効果に決しておよばないのは、それが、「薬」とは違って、人の心や想いが生み出すアートであるからでしょう。音楽療法が持つだろう問題点も、そのあたりにあるのではないかと思っています。

♪有史以前から音楽療法はあった？

たとえば、『スター・ウォーズ』という映画があります。実は私も大好きで、何回も観ているのですが、私がもっとも興味深かったのは、あの映画が超未来を予想した、極端に文明が発達した世界ではなく、はるか昔に存在していたかもしれない世界を描いていたことでした。

ともすると、私たちは「文明の進歩」という言葉を安易に使いますが、古代、人間はあのピラミッドをつくり上げました。どうして、きちんと東西南北の方角を定めることができたのでしょう。どうやってあれだけの石を集めて、積み上げることができたのでしょう。

南米ナスカの地上絵など、謎はますます深まるばかりです。現代以上に科学や文明が発達した時代があったとしか思えません。

たとえば、旧約聖書に記述されている「ソドムとゴモラ」のエピソードがあります。

ソドムは、古代カナーン人の都市であり、ゴモラは、ヨルダンの町ですが、いずれも、住民の不道徳を怒った神の手で焼き払われてしまいます。

大閃光《だいせんこう》のもとに町が崩れ落ちて廃墟になり、そこから辛うじて逃れる手引きをされながら、振り返って見てはいけないと言われていた一族の長、ロトの妻がうしろをふり返ってしまったため、塩の柱に化してしまうという話です。

このシーンは、原子爆弾を落とされた広島、長崎の光景にとてもよく似ています。ひょっとしてその頃、すでに核兵器があったとは考えられないでしょうか。

手塚治虫さんは、不死鳥「火の鳥」を主題に、時代を超えた壮大なドラマを、三十七年間かかって描き続けられました。この漫画がNHKでアニメ化されるにあたって、中島美嘉《なかしまみか》さんが歌うエンディング・テーマ曲を作詞することになり、全十三巻を改めて読み返してみたのですが、手塚さんは、人類は最終的には核兵器を使ってしまうだろうという可能性のもとに、この漫画を描かれたと思われてなりません。そしてそうさせたくないという思いが、最後の死の床まで、手塚さんにこの作品を描かせる力になったのでしょう。核兵器を使ってしまった人類は、地下にもぐります。ところがそこでもまた戦争をして、生き残ったのはたった一人の少年でした。

火の鳥から永遠の命を与えられ、生命をつくり出す使命を与えられて、少年は絶望的な何億年かを過ごすのですが、やがて、海にプランクトンが生まれます。それが地上に上がって進化して、人間の姿になるのに、さらに一億年を要するのです。

火の鳥という不死鳥を使うことで、人は同じことをくり返しているのだということを、手塚さんはおっしゃりたかったのではないでしょうか。

私たちにわかっているのは、せいぜいここ二～三万年ぐらいのものなのだということを、改めて認識させられるとても重い作品でしたが、私たちが、今になって、こうして取り組んでいる音楽療法だって、はるか昔の人々はやっていたのかもしれません。

たとえば、一万五千年前頃の物といわれるフランスの南西部の洞窟に描かれた壁画には、獣の皮をかぶった呪術師《じゅじゅつし》が、獣の骨に皮を張ったような弓をビョーンビョーンと鳴らしたり、骨と骨を打ち合わせたりしている絵が残されていて、これが音楽療法の最も古い姿だといわれています。

この絵は、発見したのが三人の兄弟だったことから「レ・トロワ・フレール（三人兄弟）の踊る魔術師」と題されていますが、もちろん療法などというものではなく、おまじないのようなものだったとしても、音楽が癒しの手段として使われていたことは、間違いのない事実なのです。

また、リズムや音が脳に働きかけて起こすトランスパーソナルな領域というのも、音楽の中の重要な要素です。あのガムランやケチャで有名なバリ島では、激しいガムランの音を意図的に聞き続けることで、トランス状態を引き起こして、超自然な肉体状況を起こさせたり、白魔術と呼ばれる方法で、呪術師が精神病まで治してしまったり、ということが、今も行われていますし、文化人類学者である上田紀行《うえだのりゆき》さんの『スリランカの悪魔払い』によりますと、精神的にバランスを崩した人を、みんなで踊ったり歌ったり笑わせたりして、治してあげるという国もあります。

彼らは、精神的におかしくなったことを、人の中に悪魔が入ったと捉えますが、歌ったり躍ったり、大笑いさせたりすることで、免疫力が上がるのでしょう。ともあれ、これらも、昔からある立派な音楽療法なのです。

♪「人それぞれ」は、音楽療法の課題の一つ

デイ・ケア・センターや、特養の老人ホームなどを訪ねたりすると、音楽療法をやっていらっしゃる方などが、ご老人を相手に、「さあ、一緒に歌ってみましょうね」と

いって、童謡や昔の文部省唱歌などを指導していらっしゃる場面に出合います。でも、私が老人だったら、心から楽しめるかしら？　と考えると、想いは複雑です。『赤とんぼ』はいい歌だ、『故郷《ふるさと》』は誰にとってもなつかしい歌に違いないという思い込みは果たして、正しいのかどうか。これは私の体験ですが、『赤とんぼ』を歌っていて、泣き出してしまったお年寄りがいました。どうやらつらいつらい幼児体験があって、それを思い出したらしいのです。

泣くことによって心が解放されるならいいのですが、ときには、生きる力をなくしてしまう場合もあります。つまり、百人なら百人全員にとっての名曲というのはないということです。

そういう意味で、名演奏家の演奏も、音楽療法になる場合もあれば、単なるストレスになる場合もある。名演奏家が名セラピストになれない理由も、そこにあります。私名アーティストというものは、テクニックも含めて自分の限界に挑戦しています。私たちは、その演奏のどこかにタッチして共鳴できる部分があれば、感動したり癒されたりもします。

でも、演奏家たちは、相手を癒してあげようとして演奏をしているわけではありません。自分自身の全精力、全生命、全生涯をかけて、そのとき、その一瞬を、歌や演奏に取り組んでいるのです。

音楽療法の難しさはそこにあります。百人が百人、心地良い音楽は違うし、同じ人でも、そのときによって聴きたい音楽が違うこともあります。「癒しの音楽だ」とCDの帯などで宣伝していても、つまらないと感じることが多いのは、そんな理由からなのではないでしょうか。

♪祈りは、音が重要なファクターになっている

たとえば、真言宗《しんごんしゅう》のマントラは、音の力で邪を払うといわれています。マントラは、言葉ではなく音だというのです。その音を漢字に置き換えて、変化が加わったものがお経だということです。

国から国を経て、そうやって伝わってきたことで、もともとのサンスクリットによって語られた時には持っていたエネルギー（音霊《オトダマ》）を失った、という人もいます。密教のお坊様である私の友人は、少しでも本来の音が残っているうちに、その音を録音しておきたいといって、昔の音を探し求めておいでです。

何千年も何万年も前から、この地球上のさまざまな場所で人類が祈ってきた、この祈りとは果たして何なのでしょうか。

もしかしたらそれは、大自然（サムシング・グレート）の意志ともいえるシステムに願いを届けようとするわれわれの意識、想念であり、それを増幅するための音とリズムであると考えてもいいのかもしれません。

たとえば、日本の「南無妙法蓮華経」には、ドンツクドンドンツクツクという太鼓の音がつきものです。この念仏は言葉ではありますが、くり返し唱えることでリズムを持ってきます。

この祈りにつきものの音とリズムとは何かと考えると、これもまた、今まで述べてきたように、エネルギーとの共鳴共振と密接な関係にあると思うのです。量子力学的にいうと、この地上に存在しているありとあらゆるものは、原子よりも小さい量子のレベルに分解することができるといわれています。硬い金属も、その例外ではありません。

そして、その量子はすべて振動しているのです。ということは、それ自体は耳には聞こえませんが、周波数を発していることになります。周波数を発して振動しているということは、そこにリズムがあるということです。

つまり、この世にある物体は個体に見えても、実は、ミクロのレベルでは振動し、周波数を持って共振し、共鳴しているわけです。

もちろん私たち自身もその存在の一つです。ですから、心臓の鼓動というリズムを持ちながら、周りが発しているエネルギーと共振したり共鳴したり増幅したりしながら、こうやって存在しているということになります。そう、私たちも実は音であり、リズムの存在なのです。

私たちが日常的に使っている「気が合う」とか「気が合わない」とかの「気」という文字。実はそれこそが、そういった目には見えないエネルギーを指した言葉だと私は思っているのです。

天の気である天気、私たちを生かしている元気、根気にやる気、精気に霊気、気性、気合い、気運、気落ち、気後れなどなど、簡単な辞書を引いても百種類以上も出てくる「気」という文字や概念が、果たしていつ頃から日本語の中に重要な位置を占めるようになったのかはわかりませんが、文字の起源としては、今からおよそ三千〜四千年前のシュメール文化まで遡《さかのぼ》るといわれています。

そして本来、この「気」の字の中の「メ」は、太陽を表わす象形文字の「米」が「米」に変化したものだそうですから、〆てしまっては何の意味もなくなってしまうのです。特に病気見舞いの手紙に「元気」と書く時などには、意識的に「病氣」「元氣」と書きたいものですね。

♪演奏と医者の手当ての共通点

中世からルネッサンス期のローマでは、お医者さんになろうと思ったら、上級四学科として、算数、幾何、天文学に音楽が絶対の必須科目であったといわれています。それが近年は、次第に専門的に分かれていって、医学は医学として、技術的、薬学的、機器的に急激な発展を遂げ、それによって音楽や天文学などは次第に遠い無縁なものとなっていったのでしょう。

しかし、日野原先生も第5章でリベラルアーツという言葉で語っておられるように、ここにきて大きく見直されてきているのが、医療の中に含められる感性の領域です。

これは心の領域といってもいいかもしれません。

お医者さんの側もそうですが、患者自身に治りたい、治そうとする積極的な意志がなければ、病気は良くなりません。音楽にもパフォーマンスが必要なように、お医者さんの手当てにも、同じようにパフォーマンスが必要なのではないでしょうか。

たとえば、医者から
「あなたは治りません」

と言われたら、それだけで死刑宣告を受けたような気持ちになりますけれど、逆に、

「大したことはないから、君はもっとゆっくり遊んで、音楽でも聴いて、毎日一回は笑うようにすれば大丈夫ですよ」

といわれたほうが、同じ症状の説明だったとしても、どれだけ元気づけられることでしょうか。

日野原先生は、音楽療法士は、アーティストとしての技量としていっしょに歌える音楽、たとえばキーなどをすぐに合わせてあげられるような人、そのときの相手に合った曲や、相手の心の中にある音楽を探し出せる人が望ましいとおっしゃっています。

つまり、療法士には想像力の豊かさという感性、思いやりが要求されているわけです。

でも音楽療法だけではなく、医療や教育の現場を見ていて、ときどき感じることは、

この「イメージ」と思いやりの欠如です。ほかの動物になくて、人間にある力はイメージする力です。心の中に浮かんでくる少しでも楽しい状況を考えるということを、お医者さんも、学校の先生も、そして音楽療法にたずさわる人も意識して、ほんのわずかな方向づけをしてあげるだけで、この社会はもっと活き活きと生きやすい、楽しいものになることでしょう。

第3章　共生の心を育む音楽教育

5　音楽には言葉以上のコミュニケーション力がある

日野原重明

♪音楽を通して世界平和を訴える

小沢征爾《おざわせいじ》さんが一年に一回、私のところに体のチェックにいらっしゃいます。去年はクリスマスイブにいらっしゃいました。私は、彼が学生のころから知っていますが、そのチェックにいらしたとき、

「あなたと僕で世界にメッセージを何か送らない？」

と言いました。来年は、広島が、原爆被災から六十年です。今核兵器廃絶とか、原爆反対とよく言っていますが、ほんとうの教育は成功しませんでした。

「これをしてはいけない」

という禁止のような考え方が子どもの教育まで行き渡ってしまっています。もっと、

「Let's Do」という方向にメッセージを変えたほうが良いと思います。それに、「六十年間も、核兵器反対を言ってきたのだけれど、これからは、過去のいろいろなことを許して、手を取り合おうという平和のメッセージとして、送ろうじゃないか」ということを言いました。そしたら小沢さんも、

「おお、いいな」

というわけです。そして二人がいっしょに行動できるのは、来年（二〇〇四年）十月二十日、二十一日の二日しかありませんでした。あの方が日本に帰れるのにも限りがあります。

「それでは、その日にオーケストラを引き連れて広島に行こう。大きな大きな合唱団をつくってフォーレの『レクイエム』をやろう。そして平和を広島から世界に発信しよう」

ということになり、来年の十月二十一日に開催されることになりました。それは大きな行事です。これは、政府や政党に関係なく、徹底的に音楽を通してやろうという計画です。数千人の人をホールに入れて、あと一、二万人は、外のスクリーンで見せて、できるだけ大勢の大合唱団をつくろうと考えています。（二〇〇四年十月現在、この計画の実現は未定ですが、近い将来実現するかもしれません）

♪勇気ある人間を育てることが大切

子育ては、人間のなすべき大きな使命です。

私は感性豊かな人間を育てると同時に、勇気のある人間を育てることが大切だと思っています。

その勇気についてアメリカで流行《はや》った本がいろいろあります。

そのうちの一冊に、新渡戸稲造《にとべいなぞう》の『武士道』があります。これは英語で書かれたものので、それを矢内原忠雄《やないはらただお》が日本語に訳したものを何年か前に読みました。それを読んで、

「日本人の武士道でいう勇気とは何なんだろう？」

と考えたものです。

そのほか、勇気について書いているのは、外国ではプラトンです。彼は、

「人間には四つの徳がある」

と言って、それを元徳《げんとく》と呼んでいます。

まず「知恵」、次に「セルフコントロール（節制）」、三つ目は「誠意」、最後は「勇気」です。

つまり、四つ目に「勇気」が入っているのです。

それで私は、日本の文学でほかにはないかと調べました。

そしたら、与謝野晶子《よさのあきこ》が大正六年に『「愛、理性及び勇気」評論感想集』を発行していました。

あの方は十一回も出産して、二回は双子でした。

十三人のうち二人はすぐに亡くなってしまったのですが、十一人の子どもは自分の手で育てたのです。

彼女は、この本の中で、

「私は勇気のある子どもに育てた」

と書いています。そのことを私は、勇気を和訳にした『BRAVE』という絵本のあとがきに書きました。

日本でもこういうことをやっている人がいることを知っていただきたいのです。やはり感性があって、冒険をするというその行動力は素晴らしいと思います。

日本の政治が低迷しているのは、やはり、感性とともに、勇気のある政治家、勇気のある人間があまりいないからではないでしょうか。

♪平和運動につながる「恕《ゆる》し」という気持ち

私は三年前から七十五歳になったら新しい自分を開発しようという『新老人運動』を提唱しています。

七十五歳以上を対象とした「新老人の会」では、おじいちゃんやおばあちゃんが、孫やひ孫に、Eメールの打ち方を教えられるようになろうとして頑張っています。そして、十歳の子どもが、おじいちゃんやおばあちゃんに習ったEメールで、

「いのちを大切にしましょう」

という文章を、ある特定の日に世界の子どもに向けて発信するのです。つまり、

「平和の言葉のEメールを使って地球を回しましょう」

という運動を、私は今考えています。そのためには、おじいちゃんやおばあちゃんが、子どもにEメールの打ち方を教えられるようにならないといけません。これからは大人が平和運動を始めても今世紀には絶対に成功しないと思います。

ムキになって「核兵器反対」と言っても無駄です。子どもが平和をつくる運動を始める手助けを老人がすることができればいいと思っています。

そして子どもの流行語を知りながら、子どもと話すことも勧めています。そして、

「これはフランス語だとこう言うよ」

などと教えて、おじいちゃんやおばあちゃんは凄いなあと、子どもたちに感じさせることをするのです。そういう勉強を七十五歳以上の新老人がやっています。

また、若いときに算数が好きだった七十五歳以上の男女を集めて、十歳の子どもに算数を教えるにはどうするかというような勉強会もやっています。

小学校に行って、子どものそばに座って教えるのです。方程式を使わない算数は、けっこう難しいので、頭の体操にはもってこいなのです。

あるいは、戦争中の、着るものも食べるものもなかった経験を文章に書いて、それを子どもに語り残すことも、この平和を手助けする運動の一つです。今は、「語り」をするために、声優を呼んで新老人が勉強会をやっています。

孫やひ孫はテレビゲームに夢中で、おじいちゃんやおばあちゃんの話には関心を示さないかというと、そうではないと思います。

私たちでも、大好きなレコードは何回も聴きます。子どもは興味さえもてば、何度でも聴きたがると思います。これに子どもが関心を持つようになれば、いずれ平和運

動につながっていくのではないかと期待しています。

九・一一のニューヨーク・テロの裏には、イラクのフセインの側にそれだけの憎しみがあったのでしょう。逆にアメリカも、これでフセインに凄い憎しみを持ちました。このように憎しみは連鎖反応的にいつまでも続いてしまうのです。ですから、

「こちらも不本意でやっていることでもあり、間違いもあるのだから」

と、どちらかがどちらかを恕《ゆる》す勇気があれば、永久の憎しみがそこで止まるのです。

「寛恕《かんじょ》」という言葉がありますが、この「恕」は、

「私の如くあなたを思う」という意味なのです。愛するということには、その内側には血が滲《にじ》むような恕《ゆる》しの感情が要求されるということです。

私の著書『生きかた上手』の英語版をつくりたいと思っていますが、その最後に
「恕し」についての章を加えたいと思っています。

数年前、アメリカに留学していた日本人の服部君が、ハロウィンの日に強盗に間違えられて射殺された事件がありました。傷心に打ちひしがれていたであろうご両親が、

「銃規制法改正のために使ってください」

と、彼の死によって得た保険金を差し出して、そのための運動を始めたという素晴

らしい事実をアメリカの人に読んでもらおうと思っています。

恕しがないとどうしようもないのです。第一次大戦後に欧州で起こった道徳再武装運動（ＭＲＡ・Moral Re-Armament その本部はスイスにあります）では、「相手に変えてくれと言ってもなかなか変えられないが、自分を変えるのは自分の決心次第。だから自分を先に変えなさい」

と言っています。そういう運動を世界中で起こすことが平和につながるのだと思います。

♪音楽は言葉で表現できないものを伝えるメディア

前にも申し上げたことですが、音楽療法の創始者は、アメリカのサイヤー・ガストンです。音楽療法が持つ心理的、社会的な効用を考えるとき、彼が言った、「もし言葉が、人間の心のコミュニケーションをたやすく行うことができるのであれば、音楽というものは存在しなかったであろう」

という言葉は、音楽の効用そのものをよく言い表わしています。人にとって、言葉は大事なコミュニケーション手段ですが、音楽には言葉以上のコミュニケーション力があるということだからです。つまり、音楽は、言葉では表現できないものを、人の心に伝えるメディアになるということです。

たとえば自閉症の患者は、親や友だちとうまくコミュニケートすることができません。しかし、音楽療法士といっしょに演奏したり、歌ったりすることによって、コミュニケーションがとれるようになることがあります。これをくり返すことで、親や友だちとも、だんだんと良好な関係が築けるようになる可能性が生まれます。

音楽はいろいろなリズムやハーモニーをつくります。音楽とは、テクノロジーと、さらにそのパフォーマンスを通して自分を表現するものです。

それが、自分自身やあるいは家族や友人との間の癒しの力になったり、勇気を出させたり、悲しいときに心を支えたりする多彩な働きをしていくのです。

旧約聖書の「バベルの塔」に、人間の傲慢《ごうまん》さを怒った神が、言葉によるコミュニケーションを制限するために、共通語をしゃべれないようにしたという話が出てきます。たしかに、外国語を聞いたとき、どうしてこうも違うのかと思うことがよくあります。

しかし、音楽は、共通語になり得ます。そういう意味でも、音楽は、言葉にまさるコミュニケーション手段といってもいいのではないでしょうか。

♪「呼吸」とは「吐く」こと

　私は音楽療法の前に、

「呼吸をしましょう」

と言います。体操では、呼吸というと、

「吸って吐いて」

と言いますが、呼吸とは、吐くことなのです。

　それで小さな声で良いので、

「ハ――――」

と声を出して八割ぐらい吐いて、ちょっと苦しくなったらいったんポーズして、最後に、

「ハァ」

と吐ききるのです。そうすると、後は吸わなくてもいいのです。いやでも吸ってしまうわけです。

　たとえば、歌手がウワーッと歌って、その次の瞬間に声がすぐ出ます。あれは空気

がなくなって、真空になるからです。真空状態のところに穴を開けると、瞬間的に空気が入ってくるようなものです。こうして上手に吐くことを十回くらいすると良いでしょう。あの吐ききったポーズは座禅の境地です。あとは、

「ハァ」

と、声を出して吐ききると、自分の精神が非常に統一されることになります。それから音楽を聴いて、イマジネーションできたら良いと思います。

しかし、やはりイマジネーションが上手な患者さんと下手な患者さんがいることは事実です。ですから、それによって効果が違ってくることもあります。

「呼吸」という日本語を「吸呼」と書かないのもそういうわけです。吐くことが先なのです。赤ちゃんは、生まれたときに、泣いて声を出します。呼吸はものすごく大切です。

なぜならば、呼吸が止まったらそれは死です。

そのとき心臓は打っているかもしれませんが、酸素がなくなるから、だんだんに心臓は止まってしまうのです。ですから、ヨガでも気功でも、すべて呼吸がポイントになります。

♪音楽療法と呼吸の深い関係

欧米では、音楽が病気治療に有効だという認識が一般的になされています。一九四五年ごろには、アメリカのガストンが、音楽療法の資格とトレーニングコースを、すでにつくっているのです。

五十年以上も前にできた音楽療法士の養成コースは、その後、イギリスやドイツなどに渡って広まっていきました。

しかし、日本にやって来たのはだいぶ遅くなってからでした。日本が早くから健康保険の制度になっていて、薬物療法やその他の医学療法だけに保険報酬が払われてきたこともその原因の一つかもしれません。もちろん、保険制度のおかげで気軽に医療を受けられるようになったのですから、素晴らしい制度には違いありません。

しかし、医療関係者の関心は、薬や注射や放射線療法、温熱療法など、点数で収入になるものへ偏ってしまいました。音楽療法を健康保険の中に入れるという考えは、当時誰も持たなかったのです。

大部分の医者は、そんなものは科学的ではないと思っていました。音楽は初めから違う世界のものだと思っていたのです。

しかし、外国の音楽療法は、きちんと体系づけられていて、臨床的《りんしょうてき》に効果を上げていています。それを見た私たちは、今から十五年前、「バイオミュージック研究会」という会を発足《ほっそく》させました。

これは、音楽が、体や内臓の働きに作用し、睡眠や、痛みに大きな影響を与えることを実証しようとするための研究会です。呼吸と音楽の間にも大変深い関係があり、音楽は呼吸困難をやわらげる効果さえあるのです。

特に、声楽家がしている腹式呼吸は、血液の循環や肺機能を高める作用をします。そのほか音楽を聴くと、患者さんの血液中や唾液中の免疫力などに変化があるということも今日《こんにち》わかってきました。科学的に実証されたのです。

呼吸という作業のうちでは、吐くことが大事だと先ほども申し上げました。

「息を吸って吐いて」

と、よく言いますが、あれは反対だと思います。吐かないと吸えないわけですから、吐くことのほうに重点を置くことが大事です。それが発声のメカニズムというものです。

死ぬことを表わす「息を引き取る」は、もう吸ったまま吐けなくなった状態です。

昔の言い方では、「生きる」という言葉は、「息する」から来ているとも言われます。昔の言い方では、血液の中に流れている何かがいのちだというふうに説明をしていましたが、その一番の根底にあるのは、息をするということです。

人が亡くなった状態を、私たちはまた「息が絶える」と言います。その意味は、それに次いで血液の流れが止まってしまうのです。

ところで、息を引き取り、息が絶えた後、心臓は若干《じゃっかん》動いていますが、それは、痙攣《けいれん》状態で動いているだけであって、実際には血は流れていません。ですから、「息が絶えたとき」「呼吸が止まったとき」には死がすでにせまっているということなのです。

この、いのちそのものといえる呼吸は、音楽と密接な関係があります。今は、音楽やリズムによって、悪い癌にも抵抗力となる免疫力、またはキラー細胞の働きも変わってくるような科学的実証がなされてきました。

ですから、その実証を積んで、音楽療法士の身分立法の実現を目指しているところです。決まったカリキュラムで大学を卒業してからまた実地でインターンをしたら、病院や施設で保険制度の中で仕事をできるような法律をつくりたいと思っています。

そのために、音楽議員連盟という、特別な組織を議員の間でつくってもらいました。これは自民党、公明党を中心にやっているのですが、来年くらいには議会に持ち込めるかと予測していますが、身分法というのは、そう簡単にはつくれません。

音楽療法士という身分法ができれば、ほとんどボランティアで活動している音楽療法士の生活も保障されることになるでしょう。その技術向上のためにも、ぜひ、早い時期に実現させたいものです。

♪自分の呼吸に一日一回耳を澄ます

笛などの管楽器は息を吐いて音を出す楽器ですが、声楽も、それと同様に息を出して音をつくります。声帯という楽器に、上手に息を吐き出すことで、キレイな音が出るというわけです。

「生きる」という言葉は「息する」からきた言葉で、息はよく「まず吸って」といわれますが、私は、逆に吐くことが大事と申し上げました。

そうすると肺の中が真空になりますから、吸わなくても空気が瞬間的にサッと入ってきます。

声楽家がブリージングが上手なのはそういう訓練をしているからです。十分に吐くから瞬間的に入るというわけです。穴を開けるとボトルでもサッと入るようなものです。

声楽の発声法は、少しずつ声帯を通して排気を出します。そして通る声にするのには姿勢を良くし、声がおなかから胸に、さらに頭上に抜けるように空気を少しずつ吐き出すと、前方によく通る、ヘルシーな声が出ます。

禅宗のお寺での座禅のときも、一分間に六回くらいの息になります。そして息を少しずつ吐いていき、ぎりぎりの時に一瞬呼気を止めると、何とも言えない境地、禅でいう空《くう》の境地になります。

息をする、そしてその息が声になるということは、生きるということと音楽がすべて一体になっているという何よりの証《あかし》といえるのではないでしょうか。

お釈迦様の呼吸法である「丹田式《たんでんしき》」というのは今言ったような腹式呼吸です。私は最近、うつむくと腹式呼吸をしやすくて肺活量が大きくなるということに気がつきました。うつむいたほうがたくさん吐き出せるから空気もたくさん入ってきます。

さらに、うつむけで寝ると、肺活量が増し、咳《せき》や痰《たん》が少なくなり、年をとって病気になっても褥瘡《じょくそう》（床《とこ》ずれ）ができないのです。それで私もうつぶせの健康法を勧めています。喘息《ぜんそく》の人でも苦しいときにうつむいて寝かせると楽になります。

♪出会いを上手にすることは、自分の環境をよくするキーポイント

人が生きる上で、環境はとても大切です。その環境には二つの種類があります。一つは、「与えられる環境」です。例えば、ダイオキシンとか地球温暖化などの公害問題など、個人レベルでは解決できないような、いわば国家の問題にかかわる環境です。

そしてもう一つは、誰と友達になるかとか、誰と出会えるかとかという個人にかかわる環境です。出会いを上手にすることは、自分の環境を良くするための大切なキーポイントです。

そこで二〇〇〇年の秋に私が発足させたのが、「七十五歳以上の老人の会」です。高齢者に関する日本の制度では、六十五歳以上を老人としていますが、それは半世紀前のことです。つまり、日本人の平均寿命が六十代だったころの話なのです。

しかし、現在、日本人の平均寿命は八十一・八四歳（二〇〇三年・簡易生命表）、女性に限れば八十五・三三歳（二〇〇三年・同調べ）です。ですから、六十五歳を老人と呼ぶのはとんでもない間違いで、こんなに失礼な話はありません。ですから、私は、少なくとも十年底上げをして七十五歳を老人とすべきだと思っています。

さらに言えば、これは七十五歳でリタイアということではありません。七十五歳から創《はじ》めなさいという運動なのです。やったことのないことに挑戦してみてはいかがですかという提案です。

そうすれば、必ず眠っていた遺伝子の中で目が覚めるものがあります。それを発見し、良き友だちとしてともに生きれば、痴呆などは、どこか遠くの山へ飛んでいってしまうに違いありません。

♪七十五歳になったら「ちょっと変わったこと」をやってみよう

寿命といえば、日本の平均寿命は八十一歳で、アメリカは七十五歳です。数字だけを見ると、日本のほうが老人人口が多いように見えます。しかし、平均ということの落とし穴がここにあります。

アメリカの医学が進んでいるのに寿命が長くないのは、子どもの出生率が日本の約二倍で、移民してくる人の中には子宝の多い人がかなりいるのです。子どもの出生率が高いと死亡率も高くなるからです。ですから、老人が少ないわけではないのです。

たとえば、百歳以上の人口は、日本では二万人余ですが、人口二倍のアメリカでは、五万人以上います。しかも日本の百歳以上は寝たきりが多いのですが、アメリカでは自立している人も多いのです。

私は、日本の老人が七十五歳になって目覚め、今まで使わなかったポテンシャルを自分で発見してくれることを期待しています。

そして、できれば第三世代と友だちになってほしいと思っています。もちろん、お小遣いをあげる対象ではありません。たとえば、七十五歳以上の老人が幼稚園に出かけて行くというのはどうでしょう。

「小学校に行くようになったらEメールの出し方を教えてあげるよ」

「この英語の発音はこうだよ」

と教えてあげます。そうすると、子どもは、こんなふうに私も年をとっていきたいなと感じるようになり、子どもと友だちになれます。あるいは、

「これを買うのにおばあちゃんは問屋街で安く買ってくるよ」

と言うと

「いっしょに行こう」

と言うこともあるでしょう。

さらには、七十五歳以上の人は戦争を経験しています。経験者の話ほど説得力のあるものはありません。ですから、戦争でいのちを奪い合うことの無駄を話し、悲劇がないような二十一世紀をつくるためにはもっといのちを大切にしよう、太平洋戦争中食べるものもなかったときは、皆わずかなものでも分かち合い、自分だけのことを考えるという気風はなかったという物語を、第三世代に直接伝えてほしいのです。

昔、子どもたちが集まった囲炉裏端《いろりばた》でのおとぎ話を再開することもできないことではありません。子どもというのは、

「あのおとぎ話をまたやって」

と目を輝かせて老人に頼むものです。私自身がそうでした。大人になると同じ小説をまた読むということはあまりありません。

子どもは不思議だなあと考えているうちに、私は、音楽との関連性からその理由がわかりました。

好きな音楽なら、大人でも何回も聴きます。あそこでフレンチホルンが出るとか、

あそこでオーボエが鳴るとかということがわかっていても、何回もメロディーや好きな楽器の音をくり返し聴くのです。それで、だんだん好きになるわけです。私は死ぬときに、フォーレの『レクイエム』を聴きたいなあと思っていますが、何回聴いても飽きないし、ますます好きになっていきます。

こうした音楽と同じように、子どもはこの老人の肉声の物語を飽きないのでしょう。現代は、働いている母親も多くて、両親が直接物語を語り聞かせることが難しくなっています。

こういうときこそ、老人の出番です。親ができないかわりに、七十五歳以上の老人が子どもに良いものを伝える役をするわけです。それは、子どもや両親の役に立つだけではなく、老人自身にも効用があります。

このような、日ごろやったことのないことをやると、

「私にはこれができるんだなあ」

という歓びや自己発見をするからです。そういう意味で、七十五歳になったら、

「ちょっと変わったことを思いっきりやってみないか」

という提案をして、老人に若さを与えたいと思っているのです。

♪国を見ると、その国の音楽の秘密がわかる

私は今から十五年くらい前に、日本にホスピスをつくりたいと思ってロンドンの郊外にあるセント・クリストファーズ・ホスピスを訪ねました。一九八七年にできた近代ホスピスで、これをつくって、ホスピス運動を起こしたというシシリー・ソンダース女医に会いに行ったのです。

そのとき、もっと古いホスピスが、アイルランドのダブリンにあるという話を聞きました。そこはカトリック系の施設でした。そのときの旅はそのホスピスを訪ねるためでもあったのです。

このダブリンの町にはいろいろな聖堂がありまして、クライスト・チャーチ大聖堂に入ると音楽が聴こえてきます。ハイドンのオラトリオ『天地創造』などの合唱の練習をしていました。

オスローから混声合唱団が来ていて、その晩に音楽会があるようでした。私は夕方行きましたから、幸いなことに最後のリハーサルを聴くことができたのです。

非常に感激しました。しかも、あの大きな聖堂で音楽を聴くと音の反響が実にいい

のです。どのシンフォニーホールで聞くよりも素晴らしいと思いました。

ここの聖堂で、ヘンデル作曲の『メサイア』が初めてここで演奏されたというストーリーが案内書に書かれていました。

ですから、欧州の音楽は、教会から起こっていること、つまり、宗教的なものから生まれたのだということを、改めて感じました。

昨年、私はスカンジナビアの国々を訪問しました。最初はスウェーデンに行ったのですが、最後にフィンランドに行きシベリウスの森を訪ねました。

そこにはパイプオルガンに似ているパイプを割ったような金属の木がありました。フィンランドというのは森と島と水の国です。なるほど、こういう所にシベリウスが生まれて、そこで有名な交響曲と良いメロディーをつくったのかと思ったとき、その曲が生まれた秘密がわかったような気がしました。

国を見ると、自然の音楽になっていると感じるのです。そこに住む民族が、ずっとそのメロディーを伝え、それを音楽家がオーケストラにして演奏するというシステムが自然に生まれたのではないでしょうか。

そして、スウェーデンでは、自閉症などの、治らないと言われている病気を何年もかけて音楽で治すという特別な治療法を開発しています。

つまり、人々が、実際に長い間何年もずっと地道にやっている長い文化的な歴史が残っていて、病気治療にも貢献しているということになります。その基本はリズムです。リズムは音楽の中の基本だからでしょう。

リズムといえば、私が映画で今でも思い出すとどうしようもない気持ちになるのは『モロッコ』です。マレーネ・ディートリッヒが砂漠に向って出征する恋人のゲーリー・クーパーを追っていくときのシーン、太鼓のリズムとともに消えていく行軍の足音。あのドラムのリズムを聴くとどうしようもなく興奮します。

あれこそ何回も見たいなあと思います。太鼓もそうですが、心臓の音もリズムです。ですから、音楽はまずリズムで生まれ、それにメロディーとハーモニーがだんだんついてきたのでしょう。おもしろいものです。話がやや横道になりましたが、伝統が息づいているスウェーデンに比べ、日本では、終戦と同時にすっかり文化的な歴史をなくしてしまいました。

何も残らなくなってしまったところに、仮の民主主義が入ってきて、何か今、日本の文化は張りぼてになっているような気がします。

♪今、日本文化の伝承をもう一度考えるべき時

たとえば、『故郷《ふるさと》』は「兎追《うさぎお》いしかの山《やま》」と歌います。しかし、都会に生まれ育った人にこうしたイメージを実感しろといっても無理なのかもしれません。私は、いろいろな会合で、みんなで歌おうと提案していますが、若い人の反応はどうも思わしくありません。

しかし、もし生まれたときから、それを聞かされていれば結果はずいぶん違ったものになるはずです。

胎児は、生まれて十日間は目が見えません。ところが、その耳のそばで手を叩きますとビックリします。要するに、生まれたときから耳は聞こえているのです。

これは、子宮の中で聴覚はすでに育っているということです。ですから、トトン、トトンというお母さんの心臓のリズムと音の高さは、子どもには非常になじみます。

たとえば、生まれた子どもがぐずついたとき、お母さんの心臓の音をテープにとって流すと、ぐずついた乳児が静かになるという実験があるくらいです。ですから妊娠時に、お母さんは、生まれてくる子どもを頭に描きながら子守唄を歌うといいのです。

その歌を胎児の子どもは聞いていて、さらに、生まれてからもっと明白にそれを聞くという条件になります。昔胎教という言葉を使いましたが、科学的にいっても、音による絆《きずな》というのは生まれる前からできているのです。このことについては、音楽家の高津義行《たかつよしゆき》さんがもう二十年も前から関心を持ってこられたのです。

その音をずっと、胎児の時から乳幼児、さらに少年時代につないでいく音楽が、その国々によっていろいろあると思います。

それが日本ではどうなのでしょう。『故郷《ふるさと》』の歌詞の意味がわからないとか、都会暮らしだから歌えないというのはおかしいと思います。私たちの年代の人間でも、子どものころは意味もわからず歌っていたものです。

『赤とんぼ』の「負われて」を「追われて」だと思っていたとか、「どんぐりころころ　ドンブリコ」を「どんぐりこ」だと思っていたとか、『春が来た』の「野にも来た」を「鬼も来た」だと思っていたとかという話題で盛り上がるのも、誰しもが共通の思い出を持っているからではないでしょうか。これは、みんなで考えていくべき問題だと思うのは、私だけでしょうか。

そういう音との関係を考えることが大事です。音とともに子どもは生まれ、その音が各国で、それぞれの人種の中でユニークな意味合いを持つからです。

やはり、日本には日本なりの古い伝統の中に、残すべき良いものがあります。何が文化を伝承するものとして残されなきゃならないかということを考えるべきでしょう。

今は新しいものを求めると同時に、古きよきものを尊ぶ、両方のアクションが必要になってくるときだと思うのです。

スペインの哲学者・文明評論家、オルテガ・イ・ガセット（一八八三〜一九五五）は、医学の教育について良い発言をしています。

「大学を出るという意味は何かというと、一つは、専門職として、第二は生涯研究を続けることといろいろある。しかし、もう一つ大学人として大切なことは、その国の文化を次の時代に継承するミッションを持つことである」

まさに至言《しげん》といっていいでしょう。この文化の伝承というものを、戦後の日本は粗末にしてしまっているように思えて仕方がないのです。

6　子育てにもっと音楽を生かして

湯川れい子

♪子どもが泣いても飛んでいかない親は人間だけ

今から四十年ほど前になるでしょうか、子どもは別室に寝かせなさいという育児法が正しいとされていたときがありました。授乳の時間も決めて、それ以外のときは、おむつが濡れていないかぎり、子どもに触れないほうがいいというのです。

子どもを自立させるためだとお医者さんから言われたこの方法を忠実に守った知人は、のちに、抱いてやりたくてたまらない気持ちを必死で我慢していたと、そのつらさを語っていましたけれど、こうした育児が正しいとされた根拠としてよく挙げられるのが、アメリカの有名な「スポック博士の育児書」と、獅子は千尋《せんじん》の谷にわが子を突き落とすという古い諺《ことわざ》があるからだと思います。

私も、上野動物園の園長だった古賀先生が、パンダの親子を見ながら、

「困ったもんだ。赤ん坊がミーと泣いても飛んでこないのは人間の親だけだ」

と嘆かれたとき、この諺《ことわざ》を引いて反論したことがあります。

するとと古賀先生は、

「いや、それは子どもが、自分で外敵から身を守って走れるようになってからの話です」

とおっしゃって、私の疑問を一蹴《いっしゅう》なさいました。ライオンは、子どもに徹底的に獲物の狩り方を教え、子育ての最中は常に警戒して子どもを守っているというのです。

たしかに、私は夜遅くに駒沢公園を散歩することがあって、カルガモの親子を見かけることがありますが、その母親の姿には頭が下がります。夜中でも、キッと首を上げて、外敵から子どもを守っていて、いつ寝るのかしらと思うほどです。

親が子どもをしっかりと守って育てる時期があるから、子どもは自分の足で走ったり、知らないところへ行こうとしたりする冒険心と好奇心を持つことができる。そして、怪我をしても再び立ち上がる勇気を持つことができるのです。

泣いても飛んでいかない親を見て、母性愛の欠如だと嘆く人がいます。でも、母性

愛は、母親なら誰もが持っているというものではありません。というよりも人間は、母性本能などとっくの昔に退化してしまって、ほとんど残っていないのではないでしょうか。

つまり、今や母性愛とは本能ではなく、知性と刷り込みなのです。動物園の猿は子育てが下手だというのも、親から育て方を刷り込まれていないからであり、人間にしても、自分が育てられたようにしか、子どもを育てることはできません。さらに、アメリカの育児書をよしとした風潮の間違いは、文化の違いを考慮しなかった失敗だと思っています。

戦前の日本には、川の字で寝るという生活がありました。お母さんはどんなに忙しいときでも、赤ちゃんをおんぶして働いていました。

赤ちゃんには親の体温が伝わり、背中を通じてお母さんの鼓動が聞こえます。またお母さんのほうもおしめが濡れたり、熱があるのも、背中で感じることができます。これが日本の育児文化だったんですね。

戦後、そのすべてが否定され、アメリカ流がよしとされましたが、今言ったように、そこには、文化の違いへの配慮がありませんでした。アメリカの親は、たしかに子どもと親の寝室を分けています。しかし、赤ちゃんには常に頰ずりし、「愛しているよ」と声をかけたり、お休みなさいのキスをして、愛情を体と言葉でたっぷりと表現するのです。日本にはそういう文化がありません。赤ちゃんを温かく安全な親の胸から隔《かく》離《り》することだけを真似《まね》してしまったわけです。

ですから、泣いても飛んでいかなかった結果、古賀先生を嘆かせるような社会になってしまったのでしょう。しかも、お父さんは企業戦士として過労死寸前の状態がずっと続き、子どもは受験戦争の真っただ中で、左脳教育ばかりを受けてきました。

そして音楽などは役に立たないものとして、教育の現場の片隅に追いやられてしまったのです。

♪子どもが感性を養うプロセスはデリケートなもの

子どもがどうやって健全な感性を育てていくのかを私に教えてくれたのは、あのビートルズのジョン・レノンでした。

たとえば、ジョンが幼い息子のショーンちゃんを連れて来日したとき、私たちが話している最中に、彼は子どもが見ていたテレビの音を、コマーシャルになるたびに、リモコンで小さくしていました。

そして、「こんなに子どもの感性を破壊するものはないよ」と言うのです。

たとえば、テレビコマーシャルで宣伝されているポテト・チップスやソーセージは「パリッ」とか「ジュージュー」とか、実にいい音を出していますが、ほんとうはそんないい音だけを出しているわけではありません。

「子どもが感性を養うプロセスは、ひじょうにデリケートなものだから、子どもが食べて体感してからでなくては、コマーシャルには何の意味もない。だから、知らないうちは見せたくないんだ」

とジョンは言いました。また当時は怪獣ものも流行《はや》っていましたが、暴力的なシーンには
「そういう場面を見せるときは、大人が、ウワッ痛い！　怪獣がかわいそう、などと言ってやらなければ、それが痛いものだということもわからなくなる」

とも。さもないと、人が刺されて倒れて血を流していても、果物を刺したぐらいの感覚しか感じられなくなってしまうというのです。

こうしたテレビの危険性を、大人は十分に認識すべきだというのが、彼の主張でした。

たしかにそのとおりですよね。梅干しを見ただけでつばが沸いてくるのは、梅干しを食べたことがあるからで、感性が養われるプロセスもそれと同じなのです。ジョン・レノンは、赤ちゃんをおんぶや抱っこして堂々と人前を歩く姿を大衆に見せた、初めての男性でした。彼は、男がマッチョであることの必要性なんて、実はこれからの社会では危険なだけだということを知っていたのではないでしょうか。

彼はまた、

「三分間のロックン・ロールをつくるよりも、人間一人を育てることのほうがよほど芸術的だ」

とも語っていました。次世代を育てるということは、それほど知的で芸術的な作業であるという認識を持っていたのでしょう。

♪音楽は社会性を育て、調和の精神を訓練する

たとえば、旧約聖書のころの音楽には、コーラスにも概念にもまだハーモニーはありませんでした。歌は、天にいる神に聞かせるものでしたから、天まで声が届くように、できるだけ大勢で声を合わせて歌ったと言われています。

ところが、やがて教会ができて、教会という反響のある建物の中で歌うようになると、音が響いて和音が生まれてきました。そこで初めて、ハーモニーを持つようになったと言われています。

神様に聞かせるためだった音楽に、ここで芸術性と社会性が加わったといっていいのではないでしょうか。ハーモニーをつけるということは、人が出している音を聴くことですから、社会的な協調性が生まれます。

自ら音を発するという行動と同時に、他人が発する音を聴くことで、他者の存在を意識し、他者と調和することの大切さを知るようになるし、音楽が社会性を育て、調和の精神を訓練する手段であると言われるのは、そういう理由からでもあります。

一方、日本にはそういう意味でのハーモニーはありませんでした。中国の京劇などにも共通することですが、複数の人間が同じ音階で奏でたり歌ったりしています。ですから、西洋的な意味での和音という概念はありません。

しかし、日本人は、音階を合わせるというのとは違う方法で、ハーモニーを作り出してきました。その手段は、いろいろな楽器が持つそれぞれの音質の「和」と、微妙な「間《ま》」が生み出す調和です。

この間というのは、いわゆる「あうんの呼吸」ですが、あうんの呼吸は、相手を感じ、相手の存在と行動のすべてをキャッチしていなければ生じません。つまり、あらゆる音楽には社会性があるということなのです。

そういう意味でも、私は、子守歌はその原点だと思っています。日本の代表的な子守歌は、「ねんねんころりよ、おころりよ」で始まるものですが、あの歌の中には、でんでん太鼓と笙《しょう》の笛が出てきます。日本古来の楽器の音です。

お母さん、あるいは保護者の歌声で育てられた赤ちゃんたちは、やがて幼稚園に入ると、お遊戯をするようになります。子どもたちは昔からみんなでいっしょにわらべ歌を歌ったり、手遊びをしたりしてきましたし、歌いながら縄跳びをしたり、じゃんけんをしたり、遊具で遊んだりしてきました。

それが、どんなに、子どもの心身の発達に役立っているかは計り知れないものがあります。自分が音を出したり歌ったりしているときに、子どもは必ず、ほかの子がどういう音を出しているのかを聴いているのです。

ですから、

「いっしょに歌いましょうね。いっしょにお遊戯しましょうね。いっしょにリズムに乗って遊びましょうね」

という働きかけは、その子どもの感性、身体を発達させるだけではなく、社会性を養っていくことにもなっているわけです。

逆にいえば、他者とのかかわりを深く持ち、他者から愛されて育った記憶を持っている人は、音楽に対して素直な反応を示すことができるということでもあります。

たとえば、高視聴率だったテレビ小説『おしん』では、親が身を捨てておしんをかばい、深い愛情を示していました。そこには別に音楽なんて存在していなかったけれど、親が身を捨てて自分をかばってくれた、愛されたという記憶があれば、どんなにひどい境遇だったとしても、食べることが先決で、他人など傷つけても平気という大人にはなりません。

ですから、まず赤ちゃんが生まれてきたら、大人の柔らかな胸の安全地帯に抱きしめて、優しく歌いかけてあげる。そして感性が育つプロセスを大切にして、親だけではなく、社会そのものが子どもたちにデリケートな愛情を注いでいくことが、今私たちが心がけなければいけない最も大切なことなのではないでしょうか。

♪音楽は勉強でも学問でもなく、まず楽しむもの

戦後日本には、西洋の音楽が一気に入ってきました。私自身もそうですが、子どもたちは、物心ついたときから、西洋音楽に接してきました。

そして彼らが大人になった今、それぞれの心に深く根ざしている音楽は、世代的にあまり共通性がありません。ですから、たとえばホスピスで臨終を迎えるときに聞かせる音楽や、心の支えになる音楽も、これからはますます変わっていくことでしょう。

たとえばもうすぐに、『赤とんぼ』や『浜辺の歌』ではなくなる時代が来るということです。日野原先生もおっしゃっているように、『故郷《ふるさと》』も、若い世代には言葉の意味がわからなくなってきています。「恙《つつが》なしや」は、毒虫「つつがむし」にかまれていないかへの心配が語源になっていることも知らないし、「ともがきって何?」「いかにいますってどういう意味?」という世界になってきているということでしょう。

でもそういう言葉の意味をていねいに教えながら、伝承歌として古い歌を残していくというのも、とても大切なことだと思っているのですが、受験勉強が、学校の教科

の中で重要な位置を占めるようになってから、体育と音楽の時間が減らされてきました。高校によっては、音楽が必修ではなくなっているところもずいぶんあると聞いています。音楽が、学校の中から、どんどん減っていってしまったのです。

たしかに、若者たちは、ヘッドホンで音楽を聴いてはいます。しかし、それは自分だけの世界に浸っているだけで、音楽が持つ社会性とは、ちょっとへだたっているように思われますし、世代を超えていっしょに歌える歌というのが、なくなる一方です。

また、高度成長は、新しい製品をつくって買わせるという時代を現出し、古いものの価値を認めない風潮が続きました。住宅事情が悪くて、家庭は核家族化し、祖父母という「古い価値あるもの」の姿も消えました。

これらもまた、世代を超えた共通文化が失われる要素になったと思います。特に戦後になってからは、文化としての音楽が、日本には根づいていないのではないかと感じています。最近はそれで、もっと伝統文化を子どもたちに、という風潮が起こってきて、小、中学校でも日本古来の楽器などを演奏させたりしていますが、でもそれもちょっと違うと思うのです。

音楽は勉強でも学問でもありません。まず歌って楽しむこと。そう、音楽は耳と心で覚えるものですから、子どもたちに楽しく歌わせたり、好きな音楽をつくらせたり、太鼓などの楽器を作って叩かせるとか、音楽に合わせて踊るとか、まずみんなで音楽をいっしょに楽しむようになれば、そこには日本だけの音楽が自然のうちに生まれてくると私は考えるのですけれど。

♪生まれてきた赤ちゃんはどういう状況に置くのが一番いいか

かつて、赤ちゃんは、産婆さんが取り上げたりして、自宅で生まれるのが普通でした。その分、お産でいのちを失うお母さんたちもいました。

赤ちゃんも、苦しい思いをして、狭い産道を潜《くぐ》り抜けてこの世に出てきます。そうやって世の中に出てきて、お母さんとは切り離された自分ひとりの心臓のリズムを聞き始める。つまり人間の一生が始まるわけです。

でも今は、まず生まれてくると、病院のピカピカの電気の下にさらされ、お尻を叩かれてへその緒を切られる。そして、新しい人生が始まるという、一生の中でも最も心細いときに赤ちゃんはお母さんから離されて、新生児室へと連れて行かれてしまいます。

すべては合理的で安全とされるシステムでことが運ばれ、赤ちゃんにはお母さんの心臓の音を聞く暇さえ与えられません。一生懸命、自分はここにいるということを表明しようとして泣いているのに、赤ちゃんの耳に聞こえてくるのは、同じように心細く泣き叫ぶ仲間たちの声ばかりです。さもなければ、冷たく通り過ぎていく看護師やお医者さんのパタパタという足音がかすかに聞こえてくるだけです。

一生懸命に泣いて、自分を主張しているのに、誰も来てくれなかったら、赤ちゃんはどう思うでしょう。疲れきって眠るしかありません。やがて、一生懸命に人とコミュニケートすることを諦めて、積極的な意欲を失っていきます。

こういうとき、赤ちゃんにどんな音を聞かせると、赤ちゃんは泣きやむのかという実験を、この間NHKで放送したのを見ましたけれど、おもしろいですね。大根おろしをおろす音、ペットボトルに水を入れてパシャパシャ振る音、スーパーのビニール袋をカシャカシャとさせる音の三つでした。

私の予想は、大根おろしをおろす音だったのですが、それは、赤ちゃんがおなかの中で聞いているお母さんの血流の音に近いように思ったからです。あるいは、子宮の中の羊水のポチャポチャとした音から連想して、ペットボトルかな……とも考えたり。

答えは、いずれの予想も外れて、意外にもビニール袋でした。周波数の波長の長さが、お母さんの子宮内の音と同じだからというのがその理由でした。

大人が考えて、いい音だと思われる音とはまったく関係がなくて、赤ちゃんがおなかの中で聞いている音は、私たちが耳で認識している音とは違うということなんですね。つまり耳がまだ完全に発達していない赤ちゃんが、お母さんの子宮の羊水の中で聞いているのは、周波数なのです。

ということは、生まれてきた赤ちゃんをどういう状況に置くのが一番いいかという答えも、医学的に見えてくるということでしょう。

♪赤ちゃんのコミュニケーション手段が奪われている

出産の体験の有無《うむ》にかかわらず、赤ちゃんをだっこしてくださいと言うと、ほとんどの女性は、左手の肘の上に赤ちゃんの頭が来るように抱きます。そこが一番お母さんの心臓に近い場所だからです。

小児精神神経科の木村慶子先生のお話によると、この両腕で丸く赤ちゃんを抱く形が、まさに人工子宮なのだそうです。おそらく、女性のDNAの中には、そういう抱き方が、赤ちゃんに一番安定した状況を与えるという情報がインプットされているのではないでしょうか。

ところが、はじめにお話したように、生まれたばかりの赤ちゃんは、この安定した状態を与えてもらえません。まったくコミュニケートできない状況で切り離されると、三日間も新生児室に置かれているのです。決まった時間が来なければ、いくら空腹を訴えても、おっぱいをもらえない。赤ちゃんは、へその緒を切られると同時に、信頼のコミュニケーションも断ち切られてしまうのです。諦めてコミュニケートしようという意思を失っていく赤ちゃんは、周囲にある自分よりも大きなものや、成長しているものへの信頼や憧れを、急速に失っていくことにつながります。

前にお話しした、上野動物園の園長だった古賀先生の「困ったもんだ。赤ん坊がミーと泣いても飛んでこないのは人間の親だけだ」というお嘆きは、二人でパンダを見ていたときに出てきたものでした。

生まれたとき、識別できないくらい小さいパンダの赤ちゃんは、お母さんの袋の中で育つのですが、成長してくると、袋から出て冒険を始めます。赤ちゃんが転んでミーと泣くと、お母さんが目の色を変えて飛んできて、赤ちゃんを舐《な》めて舐めて、そっと袋に戻すのです。パンダのお母さんは、一日に二千回も赤ちゃんを舐めるのだとか。

古賀先生はおっしゃいました。

「泣いたときに、すぐに飛んできて助けてくれるから、赤ちゃんは、ああ、大人っていいなと感じて、大人に対する信頼感が育つし、さらに冒険しようという勇気が湧いてくるのです。放っておかれたら、臆病になって、二度と冒険はできなくなるし、知性である好奇心もなくしてしまうでしょう」と。

♪奪われ続けるコミュニケーション手段

今は、年金が破綻《はたん》し、老人人口も増えて、女性も働かなければ、国の経済が成立しない状況になってきています。そこで、男女共同参画社会が叫ばれ、女性が元気だと社会も元気になる、もっと外へ出ていきましょうという、掛け声は素晴らしいと思います。が、果たしてそれだけのバック・グラウンドは整備されているのでしょうか。

私には、少々乱暴に思える議論もあります。男性と女性が同権であることは当然、当たり前の話ですが、だからといって男女が同じ仕事をすることが好ましいかというと、ちょっと違和感を感じるのです。赤ちゃんがおなかの中で聞いている音は、お母さんの鼓動であり、その声です。

ということは、男性が低い声で歌う子守歌では、赤ちゃんの記憶に働きかけて赤ちゃんの心身を安定させることはできません。お母さんでなければというつもりはありませんが、赤ちゃんをだっこして子守歌を歌ってくれる人の声は、四〇〇ヘルツ前後の女性のものであってほしいと私は切実に思うのです。

「三つ子の魂百まで」という言葉があります。新生児の時期は、赤ちゃんにとって、もっとも大切な感性の刷り込みが行われるデリケートなときなのです。おなかの中と同じ周波数に近い声で歌いかけたり、優しい言葉をかけたりすることが、どんなに大切かということを、もう一度よく考えてみるべきでしょう。赤ちゃんにとって、それが唯一のコミュニケーションの手段なのですから。

さて、子どもの受難は、新生児時代だけではありません。少し大きくなると、テレビに子守りをさせる親が多くなりました。一人で哺乳瓶を持てるようになると、哺乳瓶を持たされて、テレビの音を聞かされて、それで寂しくないでしょう、と。

最近は乳母車《うばぐるま》も対面型ではないので、お母さんとのコミュニケーションができない仕組みになっています。おんぶもだっこもなくなりました。もっとも好奇心が発達する時期なのに、新しいものが目に入ってきて、あれは何？　これは何？　と思っても、誰も受け止めてはくれません。そんな風に、最も大切な発育の時期、コミュニケートする機会を三年間も奪われたら、コミュニケートする能力が養われなくなってしまうのです。思春期の子どもをつかまえて、コミュニケーションができないと責めてみても、その責任は彼らにはないのではないでしょうか。

それだけではなく、大人になりたいという意欲や、人の痛みを痛みとして感じる能力が養われないままなのですから、引きこもりや、鬱病の若者がますます増えて、殺《さつ》伐《ばつ》とした社会が形成されるのも、当然の成り行きというべきだと思うのですが、どうでしょうか。

♪子守歌は、親子のコミュニケーションの原点

一六三五年に、オランダのクリスチャン・ホイヘンスという科学者が、ある実験をしたという話を読んだことがあります。速度の違う時計をだんだん近づけていくと、あるところで、ずれていたはずのチクタクという音が、同じ速さになるというのです。

これは互いに共振し共鳴し合うことで、限られた周囲のエネルギーを共有するシステムが働くのではないかと推測されているのですが、それと同じ現象が、おなかの赤ちゃんとお母さんの間にも起こっています。

私たちは、自分が生きているという実感を、どこで感じるでしょうか。おそらくは、大部分の方が心臓の音と答えるでしょう。胎児の心臓の鼓動はお母さんの二倍の速さだといわれていますが、その速さの違う二つの鼓動が共鳴し合って、一定のリズムをつくり出しているのです。ですから、お母さんが緊張してドキドキしているときは、赤ちゃんも同様の状態になり、お母さんがゆったりしているときは、赤ちゃんもゆったりとした状態にいるわけです。そうやって赤ちゃんが、お母さんの状態に敏感に反応していることを考えると、胎教の大切さがわかるような気がします。赤ちゃんの情緒的な発育も脳の発達も、お母さんの心臓の音とシンクロしながら育っているのです。

もし、お母さんがお父さんである夫とものすごい喧嘩をしていたり、殴られたりしたらどうでしょう。お母さんの苦しみや悲しみは、赤ちゃんにダイレクトに伝わって、赤ちゃんの体はギュッと固まります。そしてその一瞬には、発育も止まるわけです。

一方、お母さんが、心地よい音楽を聴いてリラックスしていれば、その状態は赤ちゃんにも伝わります。胎教音楽にはモーツァルトがいいなどとよくいわれますが、赤ちゃんがダイレクトにモーツァルトを聴いて、心地よくなっているわけではありません。

これはモーツァルトを聴いて、快い気分を味わっているお母さんの状態が、赤ちゃんに伝わっているということなのです。音だけではなく、いい香りに包まれた場合なども、同じことがいえます。それがアロマ・セラピーであり、モーツァルトのようにそれが音楽だと、ミュージック・セラピーになるわけですね。

そういうリラックスした状態にあると、赤ちゃんは生理的にもっとも好ましい状況で発達します。私が子守唄復活運動をしているのも、お母さんもしくはそれに代わる人が優しく歌いかけることが、人間のコミュニケーションと情緒の発達の原点だと考えているからです。しかし、残念ながら、現在の男女共同参画の中身では、そこまで考えられていません。働いているお母さんが、子どもに優しく歌いかける余裕なんて、どこにもありません。男女共同参画は、女性の自立を助けるものではなく、単に女性にも男性と同じ権限を認めようとか、あまりにも較差が激しい男性と女性の人権や雇用条件を、遅まきながら是正《ぜせい》しようという、人権のほんの基本的な部分であって、そんなのは当たり前の話です。働く女性が、どうしたら安心して子どもを産んで、人間らしい人間を育てることができるか、というバックグラウンドつくりこそが大切なのに、今のままだと、犠牲になるのは子どもたちです。

お母さんは経済的にも国家戦略としても、働かなければならない状況にあるのに、給料よりも高い保育料を払わなければならないのは、どうしてでしょう。次世代を育てることは、今、もっとも大切な国策です。そのことに触れる政治家があまりにも少ないという現実は、私たちにも責任があることなのではないでしょうか。

人間らしい人間をつくる社会とは、どういう社会なのか。それは、人間とはどうやって育つのか、という感性のプロセスをよく考えること。そして、大人も子どもも、動物も異人種も、平和に共存できる社会です。そういう意味で、私の子守歌復活運動は、子守唄を流行《はや》らせる運動ではなくて、お母さんが、心臓の鼓動を聞かせながら赤ちゃんを抱っこして、胎内で聞いていた周波数に近い声で歌い、赤ちゃんが安らかに眠れるようにしてあげられる社会を実現したいという運動なのです。

♪音楽療法の基本は、心臓のリズムと呼吸にある

私は、音楽を生業《なりわい》にしていますが、学問として学んだことは一度もありません。私が音楽療法に関心を持ったきっかけは、自分自身が音楽に助けられながら元気に育ち、

音楽って何だろう？　と考えたことと、世界中の宗教が音を持っていることから、音楽が人間にどう働きかけているのかに興味を持ったのでした。

そこで、音楽療法に関する本を読んだり、アメリカの音楽療法士を訪ねたりして勉強していったのですが、その結果知ったことは、リズムというものの大切さです。私たちの心臓が、外部からのリズムと共鳴したり共振したりして動いていることを知ったときの感動は、それは大きいものでした。

人間は、誰もが自分の基本リズムを持っていて、その基本リズムが整っている状態が、肉体的にも精神的にも、もっとも健康的な状態なのです。

そう考えますと、世界中の宗教が音を持っていること、リズミックに唱える言葉を持っていること、世界中の健康法が呼吸に行き着くことにも納得がいきます。つまり、これらのものが、心臓を基にした人間の基本リズムに影響を与えるからなのです。

ヨガでいう、調身《ちょうしん》、調息《ちょうそく》、調心《ちょうしん》も同じで、ヨガでは、最初に体を動かしたり整えたりすることで、呼吸を整え、さらには心も整えると言われています。この呼吸を整えるということは、禅の呼吸法にも通じるものがあります。

さらにおもしろいことは、人間は他からリズムを与えられると、呼吸が速くなったり遅くなったりします。たとえば、太鼓がドンドンドンと鳴って、次第に速くなっていったとします。すると、最初はついて行けたこちらの呼吸が、最後にはついていけなくなります。とりわけ、体力のないお年寄りの場合は、太鼓の破裂音である命令音にも耐えることができずに、苦しくなってしまいます。こうして、私たちは、リズムに敏感に反応しているのです。こういったリズムは、音にだけあるわけではありません。たとえば、以前、テレビ・アニメの「ポケモン」を観た子どもたちが、癲癇《てんかん》を起こしたことがありました。これは無意識のうちに、光の速度に自分を合わせようとした結果であり、ここにもリズムがあることの証《あかし》になりました。

また、リラックスするための椅子が開発されましたが、これもリズムが関与しています。私が見学したものは、目の前のスクリーンで光が点滅して、それを目に入れながら音楽を聴いているとリラックスできるという仕組みでした。三十分ほど経つと、脳波や心拍数がグラフで示されるのですが、この点滅する光は、実は自分の心臓の鼓動を取り出して光にして照射しているという説明で、ああ、これが呼吸法でホメオスタシスを整えているのだな……と理解したのでした。照射された光と自分自身の心臓が連動しながら、一番良い状態、つまりその人の基調リズムを整えていくわけです。

自分の基本リズムを整えようとすると、すべては呼吸法に行き着きます。世界中の健康法が呼吸法に行き着くのは、自分の鼓動を整えるための方法なのですね。人間は生まれた途端、肺を広げて息を吸い、オギャーと吐いて、最後に一息スーッと息を吸って、吐けなくなったときに息を引き取ると言われます。あるいは、肩で呼吸をして忙しい忙しいと言っている人は、早くに倒れるとも言われますよね。背筋をピンと伸ばして、ゆったりと呼吸をするだけで、健康が保てるのです。

アメリカでは、この呼吸法を使って、ベトナム戦争の後遺症を治した脳の専門家の報告があります。ホロトロピック・ブレスワークといって、激しい音楽をかけて、過呼吸、過酸素状態にする。すると意識が浮遊《ふゆう》したような状態になる。それを誘導して心の中の傷ついた部分を取り除くのです。

いずれにしても、人間にとって、呼吸はもっとも大事な健康につながるシステムなのですが、音楽療法を学んでいて、そういった知識を得ることもできたのでした。

第4章

大自然と共鳴する音楽の力

7　自然の奏でる音楽に耳を澄ませよう

日野原重明

♪論文や哲学者の言葉に見る音楽の重要さ

私は、高等学校のときの卒業文集で論文を書いたことがあります。今でしたら大学二年生くらいでしょうか。文集ではみんな得意なことを書いたのですが、私は、「詩と音楽」という題目で書きました。

主旨は、詩と音楽はひじょうに似ているということでした。そのときに、カントの、「芸術の中で最高のものが音楽だ」

という言葉を参照しています。ああいう哲学者でも、音楽を最高だとしているのです。ほかには、孔子も音楽を重要視しています。

「笙《しょう》という楽器の音を聴くと、心が何とも言えなくなる」

「調子の外れた音楽は嫌だ」

などと言っています。

ああいう高いレベルのものを持っている人が、音楽を大切に思っているのは素晴らしいことで、感銘を受けます。

♪自分の生命の音に耳を澄ませよう

大木に聴診器を当てると、幹の中に流れている水の音が聞こえるということです。それは、根から水分が吸収されて、梢の方に移動する音です。それは相当な量になります。

生物は水分が多いのです。樹木にかぎらず、たとえば私たちの体も七割は水です。木でも、乾燥したら幹が薄くなってしまいます。ボリュームがある木でも、だんだん細くなるのです。大木の中を水がザーッと流れていく音は、まるで川の流れのようです。

それを聞くと、自然の音というのは大きな動きだと思います。音というのは過去からの継続性がありますから、この音を聞きますと、平面的ではないもの、つまり、その木が誕生してからの歴史を感じます。

そういう意味で、音が人間の生活に果たす役割にはあなどれないものがあります。

たとえば、難聴で耳鳴りがする人は、よく神経症になります。

「眠れなくて不安になる」

と耳鼻科にやってくるのです。

しかし、それを癒すお薬はありません。

仕方がないので注射などをするのですが、結局癒されないで、医者を転々とすることになります。

そして、結局私のところに受診を求めてこられる患者さんがいるのですが、私は、注射をしたり睡眠薬を処方したりせず、次のような説明をすることにしています。

「心臓はポンプのように、一拍ごとに八十ccの血液を押し出しています。血圧が百五十ミリメートルエイチジー（㎜Hg）の人は、その十三倍の血液の柱が立てられるくらいのプレッシャーがあるわけです。その強いプレッシャーで血液は脳をグルグル回っているのですから、その流れの音が聞こえないのは不思議ですよ」と。

ちなみに、㎜Hgとは、血圧を水銀柱で測ったその単位のことです。水銀の比重は水の十三倍ですから、それを血液の柱に換算して、百五十センチ×十三倍の高さまで血液が飛び上がる圧力を百五十㎜Hgと表現するのです。そして、

「心臓でも聴診器を当てると、トントンと聞こえるでしょう。自分の胸の中で鳴っているのだから聞こえないのが不思議なのです。ですから、それはあなたの血液の流れなのです」

「流れがあることが、命のために必要なんだと覚えてください」

などの話を十五分ほどしてから、私は、

「この私の説明の間、あなたは耳鳴りを意識しましたか？」

と聞きます。すると患者さんは、必ずと言っていいくらい、

「何もありませんでした」

と言います。

患者さんに耳鳴りがなくなったのは、私の説明に心を奪われて聴いていたからです。私の専門は心臓ですから、心臓を基本にしてお話するわけです。

自分の心臓がほんとうは鳴っているのに、その音が聴こえないのはおかしいのです。聴診器がなくても、体をいろいろな角度に変えて聞けば聞こえるはずです。

聞こえるのは心臓だけではありません。私は肋膜炎があって、肋膜が硬くなっています。ですから、二枚の肋膜がゴゾゴゾすれる感覚を自分で覚えることがあります。ですから、なおさら、もともと心臓の音がしているのが聞こえないのが不思議なのです。

聞こえないのは関心がないからでしょう。

目が焦点を合わせるように、音もフォーカス、焦点を合わせるとよく音が聞こえてくるのです。

私は、オーケストラのコンダクターが優秀かどうかは、指揮者が演奏者の動きに焦点を合わせられるかどうかだと思っています。あそこのセカンド・バイオリンやオーボエがちょっと、と思ったときに、そこにフォーカスを合わせられるかなのです。耳にも焦点があるから認識するわけで、このようにオーケストラの指揮者はどこにでも焦点を合わせられる能力が必要だと思います。

そういうわけで、私自身も、上手に音にフォーカスを合わせて、上手にあの音を聴きたいと思っています。

合奏の中でも特にチェロのメロディーを追いたいとか、ビオラを追いたいとかいうふうにすると、何回聴いても興味は尽きません。そういうときは、何も見ないで目をつぶっているよりも、ビオラを特に聞くには、ビオラを演奏している姿を見るとビオラの音はよく耳に入ってきます。

そういう意味で、さっき言ったとおり、難聴の人が普通は聴こえない音も床を通って聴こえることがありますし、楽器にちょっと触れさせてもらえるとじかに伝わってくることもあります。

ですから、難聴の人に対する音楽教室は、楽器に触れさせるとか、同じ床で聴かせるとか、あるいはボディーソニックのような、椅子に座らせて音を聴かせるとか、またはアンプリファイア（増幅器）を強くするなどが必要だと思います。

難聴の人の聴力検査をするときには、音叉《おんさ》を頭に当てることがあります。そうすると、空気伝導ではなく、骨伝導で音が聴こえるのです。

それと原理は同じで、弾いている人に触るとか、あるいは奏でる人が、聴いている患者さんの体のどこかにちょっと触れたりすると良いと思います。それも、できれば骨が良いでしょう。

そうしてタッチをすると、音が十分に聴こえるようになります。

♪「ＹＥＳ」の発想で教育改革

ある心理セラピストのお話によると、大人が子どもに言ってはいけない三大禁句があるそうです。それは、

「だめ」「早く」「頑張れ」の三つです。

このことは、子どもに限らず、相手が身心の弱った病人などの場合にもあてはまります。見舞いに行って気軽に、

「がんばって」

という声をかける人がいますが、精いっぱい頑張っている病人にこれほど酷な言葉はありません。どうぞ、禁句にしていただきたいと思います。

それはともかくとして、今までの日本の教育は、どうも「don't do」(禁止する＝だめ)が多かったように思われます。学生が持っている生徒手帳を見ても、「髪を伸ばすなかれ」など、何々してはいけないという禁止項目が箇条書きになっています。

この「don't do」では何も解決できないと思います。「Let's do」(やりましょう)に切り替えることをお勧めします。

今度の国会で、教育基本法改正が論議されるようですが、教育基本法ができたのは昭和二十二年です。半世紀もの間、世の中はこんなにも変わっているのに、古いままの法律でやっていたのですから今の時代の子どもや若者に合わないのは当然でしょう。

私は、審議会に呼ばれて、意見を求められたとき、「don't do」から「Let' do」に切り替えていくために、まず、

「草木を愛しましょうと教育するべきだ」

と言いました。カナダでは、庭の木を一本切るという届けを出すと、それと同じくらいの木をどこかに植えてくださいと言うのだそうです。自分の庭の木でも勝手には切れないのです。

ドイツでは、工場は森の中にあるのです。日本だったら、木を全部伐採して工場を建ててしまうことでしょう。草木を愛することは人間形成をする上でも大切だと思います。

そして次に、

「動物、ペットを愛しましょう」

と言いたいと思います。子どもたちへの教育の一つとして、

「ペットを飼おう」

と言うのです。

飼った動物もいずれは死にます。その愛するペットが死ぬ悲しみによって、子どもの情的なものが育つのではないかと思います。ですから、

「草木や動物やペットを愛し、それから人のいのちを愛しましょう」

と言うように、いのちの大切さを訴えていくべきなのです。従来の「原子爆弾反対」と言うだけでは、平和運動は成功しないと思います。

文化国の中で、動物愛護が一番遅れているのは日本なのです。ちなみに、一番進んでいるのはイギリスです。

日本の動物愛護の向上のために、イギリスで募金したものを送ってくれていることをご存じでしょうか。そのお金で日本の動物愛護の改善がなされているのです。

その見返りとして、イギリス人は、日本の大学や研究室に来て、動物実験をするときの、動物の扱いはどうなっているのかなどを調べることになっています。動物実験の場合は縛《しば》られたり、注射をされたりしますので、なるべく動物を苦しめることがないように監視をするということなのでしょう。

♪偉大なる自然の力

昨年（二〇〇三年）、五月に二週間ほど海外に行ってきました。ここでは、この旅行で感じたいくつかをお話ししたいと思います。

旅行の主とした目的は、イギリスのエジンバラで開催されたオスラー協会の総会に参加することでした。米英日のオスラー協会のジョイント総会が三日間あったのです。その後の学会も含めての旅でした。スコットランドの綺麗な自然の旅をした後、アイルランドのダブリンで一泊二日過ごし、それからオックスフォードに寄って帰ってきました。

新緑のなだらかな平原、目の覚めるような芝生の美しさ、そしてあちらこちらに点在する古いお城や遺跡を足掛け二週間見てきました。その自然の美しさにすっかり全身浴をしてリフレッシュされた素晴らしい旅でした。

都会生活の便利さにどっぷりつかった生活は、日本だけではなく、イギリスでも、多くの都会人が満喫しています。

本来、人間は、自然の中で成長し、その中から文化が生じたのに、今は季節のない都会生活に入ってしまっています。一年中同じような花が咲くし、果物や野菜も、季節を問わずに何でもあります。

こうしたシーズンレスな中では、長い人間の歴史の中で養われてきた感性がなくなる気がして、そのことに私は一種の怖れを感じています。

また、昼夜の区別なく明るい現代、カラスにもフクロウにも夜がなくなったようです。先日、テレビで江戸時代の行灯《あんどん》の明るさがどの程度だったのかという実験を見たのですが、一体何の役に立ったのかと思うくらい暗いものでした。

まして、街中の夜の暗さは、まさに「漆黒《しっこく》の闇」であり、妖怪などの活躍も納得できるような気がしました。

カラスやフクロウに夜がなくなったのと同様、文明の発達は、人間からも夜を奪いました。新宿などの繁華街が「二十四時間眠らない街」と呼ばれるようになったのも、ずいぶん前のことです。

そうなりますと、哲学者ヘーゲルが言った、

「ミネルヴァのフクロウ（知恵の女神の象徴）は日暮れに飛び立つ」

という日暮れになって静かに思索するような環境ではなくなっているということに

なります。哲学者も物を考えるということがなくなってしまったということでしょうか。しかし、まだ日本にも森があり、林があります。外国人が日本に来て綺麗だというのはそういう自然を見るからだと思います。

私たちも、見慣れた日本の自然ではなく、見慣れない外国の自然を見ると、まだまだ地球にはそういうものがあるんだなと思います。そして、そういう所に行くと戦争という気持ちがまるでなくなるのです。

アポロをはじめ、たくさんの宇宙飛行士が、宇宙からの帰りに緑の地球が見えてくると、

「なぜあそこでみんな殺し合っているのだろう」

という気持ちになるそうです。そして、宗教家や宣教師と同じ心境になるわけです。それと同じ感じを、私は今回の旅で覚えました。

また、自然の中にはいろいろな音があります。私は、今回の旅で、飛行機に乗っている間に曲でも書きたいなと思い、五線紙を持って行きました。

旅に出ると、自分が何をやっているかという意識がなくなり、一人の人間としての自分を感じることができます。これこそレクリエーションだなと思いました。

♪音楽や楽器は人間の健康や心理に直結する

三千年前から千年もの間にわたって書かれた旧約聖書に、「サウルという鬱病《うつびょう》になった王様が苦しんでいる所に、少年ダビデが行って小さな竪琴を奏でると、鬱病が癒された」という話があります。これほどの大昔に、音楽と癒しが結びついているという興味深い話です。現在似たもので、湯川さんも習っていらっしゃるというライヤーという小さな手持ちの弦楽器がありますが、あの音楽や弦は素晴らしく心を癒す道具とされています。

たとえば、ライヤーのコードを合わせて、主治医が歌うときに、患者の手が軽く弦をなでるだけで音が出るので、末期がんの患者さんの心が癒されるという話もあります。小さな楽器ですから、どこへでも持って行けるということで、ことにホスピスなどには良いと思います。

これらのことからわかることは、音楽や楽器が、健やかさや健康と直結しているということです。

中国の儒者、孔子も簫《しょう》という楽器が好きで、その美しい音色を聴いていると心が清くなると言っています。彼はさらに、

「調子の外れた音楽ほど嫌なことはない」

とも言っています。東洋も西洋も、自然に、歴史的な中でそういうものが誕生しているのです。

私が半世紀前に、アトランタに一年留学したときのことです。大学病院としてのグディディ記念病院のすぐそばに、ミッチェル・ストリートという通りがありました。そこは、『風と共に去りぬ』という小説を書いたマーガレット・ミッチェル夫人が交通事故で亡くなった場所だというので、このストリートに彼女の名前がついたそうです。『風と共に去りぬ』のヒロイン、スカーレット・オハラのひいお爺さんは、アイルランドからアメリカの南部に移住して大きな農場主になりましたが、この小説のバックがアトランタの近郊です。

私は外国に行くと、

「日野原という発音は難しいでしょうから、ドクター・オハラでいいですよ」

と言います。すると、

「あなたはアイルランド系か」

と必ずといっていいくらい言われます。

「いや私は日本人だけれどもオハラは覚えやすいでしょう」

と冗談を言うわけです。それくらい、オハラという名まえは、アイリッシュの人に多い名前で、馴染《なじみ》があるのです。

ところで、アイルランドには、ノーベル文学賞をとった人が何人もいます。あの小さな国の国民には何か文学的な素質があるようです。

また、湯川さんもおっしゃっていましたが、アイルランドの音楽に日本人は懐かしさを覚える人が多いようです。

私は、それが、神社の巫女《みこ》さんの感じに共通するところがあるような気がして仕方がないのです。

♪宮沢賢治は音楽療法の第一人者

チェロといえば、宮沢賢治が『セロ弾きのゴーシュ』という童話を書いています。主人公のゴーシュは、チェロの演奏がすこしもうまくなりません。オーケストラの練

習に行くと、いつもコンダクターに、

「遅い」

「下手だ」

「もっと家で練習しなさい」

と叱られてばかりいます。

それで、彼は、家で遅くまで一生懸命練習するのです。すると、床下にいた、病気の小ネズミなどの動物がその音に聴きほれるのです。

動物たちは、ひじょうに満たされる思いになって、とうとう家の中に出てきて、チェロの穴の中にはいっていきましたという話です。

それでゴーシュがチェロを弾いたらネズミが元気になったのです。宮沢賢治は、そんなストーリーを子どものために作ったのです。

私はチェロの演奏のとき、あのストーリーを思い出しました。病む人でも満たされるということです。ですから、私は、日本の音楽療法の歴史で、宮沢賢治が最初の人だと思っています。

あの方は、農学の専門家でありながら、同時に音楽会をしたり、詩を朗読する会を催したりしました。

あの方の詩に音楽を添えた銀河鉄道の夜などは、ものすごく幻想的です。まるで宇宙の心が入ってくるような気持ちがします。

8　地球上のあらゆる物体は音楽を発している

湯川れい子

♪右脳教育としての音楽療法

私は、音楽に関するものを含めて数冊の書物を出していますが、平成五年に『幸福への共時性《シンクロニシティ》』（海竜社）という本を出版したときは、オウムのような事件が起きる危険性を強く感じていました。社会の動きを見ていると、ニューエイジ的な精神世界がもてはやされて、神秘的な、オカルト的な宗教観が、子どもや女性ばかりではなく、男性の間でもすごく流行ってきていたからです。

一流大学に入ることに最高の価値があると錯覚された社会で、正しい答えという左脳教育ばかりを詰め込まれた若者たちはどうなるのか。左脳ばかりが発達すると、右脳的な感覚はどんどん失われてしまいますし、とりわけ、「群れ」として暮らしてきたオスである男性は、心酔するリーダーに従って、その命令を忠実に実行してしまう傾向があります。脳の仕組みも、男性と女性では違うとわかってきていますが、男性の五感は、女性よりも範囲が狭いというか、感応の限界が違うと言われています。禊《みそぎ》をしたり、山歩きをしたり、滝に打たれたりしないと、この鈍磨《どんま》した五感を鍛えるのがむずかしい。むずかしいから、右脳が教える感覚的なものがなかなかキャッチできないのですね。

たとえば、気功を教えている女友だちがこんなことを言っていました。

「お教室に集まってくる人は女性が多いのよねえ。男の人は、トレーニング感覚で来て、すぐに段を取るとか、支部長などの役付きになりたがるから、人より上達しそうにないと思うと来なくなっちゃうの」と。

なるほど、定年後、老人会などに入って仲間とあつれきを起こす人に男性が多いのも、社会的な地位に拘泥《こうでい》するからなのかもしれませんし、男性は感覚の世界でも、何かにつけて立証できる科学的な根拠を求めたがるからなのかもしれませんね。

受験勉強を子どもたちに強《し》いてきた結果、思い切り体を動かすこともなく、左脳教育の毒素にやられたのは、圧倒的に男性たちでした。日本がこの左脳教育という教育システムになってから五十年、左脳人間の予備軍はまだまだ続きそうです。

大事なことは、ほんとうに小さいときから、広い空間の中で、思い切り体を動かして遊んだり、スポーツをしたり、踊ったり歌ったりする機会をたくさん設けて、感性を育てること。このまま、子どもがテレビの前で座ったままに情報だけが与えられる生活を続けていたら、間違いなく、第二、第三の「オウム事件」は起きるでしょう。

そうでなければ「悪知恵」だけはものすごい悪魔が育ってしまう。現に、どうしてああいう人間が育ってしまったのだろう？　と思わせる事件が続出しています。

そういう意味でも、改めて音楽や遊びの重要性を見直すべきときが来ていると思うのです。モーツァルトのように、前世もモーツァルトで、モーツァルトがモーツァルトになって生まれてきたのではないか？　と思えるような人は、最初からはいないのですから、音楽の能力は、モーツァルトには遠く及ばないにしても、右脳と左脳がバランスよく発達した、感性に溢れた人間づくりをすることはできます。なぜならば、音楽は、右脳と左脳の両方に働きかける要素を持っているからです。

たとえば、言葉や音符を読むことは左脳の働きです。男性の場合、語りかける音質や音が持っているメッセージ性も左脳で分析して聴いているといわれますが、脳の専門家の話によると、男性の脳は女性と比べると少し大きいけれど、右脳と左脳のブリッジが細いので、互いの情報交換ができにくい構造になっているのだそうです。

ですから男性は、女性よりも経験値や知識、研究したことに照らし合わせることで物事を見ようとする。講演会などに行くと感じることですが、男性は、私の話を左脳で分析しながら聞き、女性は、感覚的に右脳でも捉《とら》えて聞いておられるように思います。

それだけに、私は小さな男の子たちにこそ、音楽の必要性を痛感しているのです。ただでさえ、左脳が発達し、左脳で考えるという脳の構造を持つ男性に、さらに左脳教育のみを施した結果が、この現代社会なのかもしれないのですから。

♪ゴスペルには音楽そのものの楽しさがある

ゴスペルは、アメリカの南部の教会で生まれた音楽です。今でも、南部の教会に行くと、他地域とは違う雰囲気があります。最初は穏やかにはじまる牧師さんのお説教が、次第に熱を帯びてきます。そしてこのゴスペル・ミュージックは、エルヴィス・プレスリーの歌い方にも大きな影響を与えました。

彼がメンフィスという南部の田舎町で、最初にデビュー曲を吹き込んだのは、一九五四年七月五日のことでした。この日をロックン・ロール誕生の日と定めたのは、この日に彼が『ザッツ・オーライト』というデビュー曲を録音したからです。

それは余談として、彼はそのころ、麻薬でもやっているのか、どうして体をふるわせるような不謹慎な動き方をするのかとマスコミから問われたものでした。彼にしてみれば、それは幼いころから通っていた教会の牧師さんの動きを真似したものだったのです。

貧しい彼が、両親に連れられて行った教会で、牧師は、

「おまえたちは、悔い改めないと地獄の業火《ごうか》に焼かれるぞ」

と言います。そして牧師の言葉が次第に熱を帯びてきて、

「わかったか！」「わかりました!!」「わかったか！」「わかりました!!」の応酬になっていく。熱狂した牧師はやがて、高い壇上に飛び乗って、体を震わせてお説教をします。子ども心にも怖くて震え上がっていると、ふっと讃美歌が始まるのです。それに救われて、小っちゃかったエルヴィスも、回らぬ舌でお母さんと讃美歌を歌ったといいます。

そのプレスリー家から道を隔てたところに、黒人教会がありました。この黒人教会

の音楽による応答の激しさは、白人教会の比ではありませんでした。そして彼らは、やがてイエスさまが迎えに来てくださる、苦しみのない世界へ行くことができるというような意味を持つ、スピリチュアルな歌を次々に歌います。

そうやって、ドカドカしたドラムと手拍子とともに歌っているうちに、信者は次第に高揚して、トランス状態と呼ばれる神がかりが起きます。そしてその信者がバタッと倒れて、わけのわからない言葉を喋り始める。牧師はそれを通訳するといった具合で、日本でいえば憑依《ひょうい》状態になるのですが、こんな「神がかり」の御託宣《ごたくせん》が、なんと二十一世紀の今も、アメリカ南部では続いているのです。

ゴスペル・ミュージックというのは、もともと牧師さんの呼びかけに対して、「イエー！」とか「アーメン」などと言って答えるという、「応答」の形を持っている黒人教会独特のもので、互いに呼びかけ合って元気になっていく。

今、日本にあるママさんコーラスの多くが、このゴスペルを歌い始めています。たとえば、『翼をください』という歌がありますが、それを、ゴスペル風にアレンジして、掛け合いで歌うと、元気に盛り上がっていく。あるいは、手拍子を入れて、揺れながら歌うのもいいでしょう。

映画『天使にラブ・ソングを……』は、マフィアから逃れた黒人歌手が、教会に逃げ込んで、保守的な教会を歌で変えていくという楽しいものでした。またニューヨークから来た『ママ・アイ・ウォント・シング』というミュージカルも、日本でくり返し上演されました。

こうした映画や歌が、日本で大ヒットしたのは、ゴスペルは聞いているだけで身も心も解放されたような、快い気持ちを味わうことができるからなのではないでしょうか。

この項の冒頭で書いたエルヴィス・プレスリーのロックン・ロールのルーツは、そのゴスペルでした。ようやく、日本でもゴスペルが認知されてきたようで、プレスリー・ファンの私としては感慨深いものがあります。

とはいえ、日本はキリスト教国ではありませんから、宗教歌としてはもちろんのこと、ゴスペルの指導者は少なく、多くのママさんコーラスからの指導者要望にこたえることができません。私と亀渕友香さんがゴスペルのネットワークをつくろうと思ったのは、そういう理由からでした。

実は私も、三年ほど前に、日本のゴスペルの母と呼ばれる亀渕さんにご指導をお願いして、東京女声合唱団というグループを結成していました。そしてこのほど、そんなゴスペルの輪を日本全国に広げようと、ゴスペル・グループに集まっていただいて、「ゴー・ネット・ジャパン」というネットワークを今年（二〇〇四年）の五月につくったばかりです。

私たちの調査では、ゴスペルを歌うコーラスは、この日本に八千から一万はあろうかというふうに増えていて、どのグループも、何らかの形でゴスペルを歌っています。ゴスペラーズのような男の子や学生さんのグループも入れたら、その数はさらに増すことでしょう。

ゴスペルの魅力は、なんといっても元気になれることです。東京女声合唱団でも、仕事をしている人が大部分なのに、月に一回の練習日の出席率は抜群にいいのです。

ゴスペルはさきほども言いましたように、黒人教会から生まれた音楽です。アメリカ南部はご存じのように、黒人の奴隷がたくさんいました。劣悪な環境に置かれた彼らの不満を抑えるという目的で、フランス系移民中心の地主たちが、黒人が週末に広場に集まって歌ったり踊ったりするのを許したというのが、その基盤になっています。

そんな彼らを宗教的に救済するために、プロテスタントの教会は、黒人のための集会を開くようになりました。野外で始まったこうした集会での説教に、黒人たちが音楽を持ち込んで始まったのがゴスペルです。そういう意味で、ゴスペルは、最初から癒しの音楽だったのです。

そうやってブルースからニグロ・スピリチュアル、黒人霊歌として発展した音楽は、やがて、賑《にぎ》やかなゴスペル・ミュージックとなり、ジャズやロックン・ロールともつながって、現代に至っています。

日本のように宗教とは関係のないところで、ゴスペルがここまで人々を魅了するのは、ゴスペルという音楽の形式が、音楽そのものの元気と楽しさを持っているからだと私は思っています。

♪古楽器は、音楽療法の基本

日野原先生もおっしゃって下さったように、私はライアーのレッスンを始めました。ライアーという楽器は、紀元前三千年ごろから、メソポタミア、エジプト、シリアで用いられてきた竪琴から生まれ、やがてヒーリングを目的として創られたといわれている弦楽器です。

今から始めても、七十五歳になるころには名手になっているかも……という虫のいい夢を見ているのですが、私がライアーに関心を抱いた理由は、竪琴が音楽辞典では神聖な楽器とされたと説明されているように、古楽器には音楽療法の原点があるように感じたからなのです。

たとえば、太陽の子アポロンは、医療の神様であり、医学の始まりの神様だといわれていますが、そのアポロンが手に持っているキタラという、これも竪琴に似た楽器は、ライアーと音色もよく似ています。

アポロンが弾くキタラの音色を聴くと、魂が喜び、血液が浄化されて、病気が治るといわれたのですが、ライアーもキタラも、その音色が人を癒す力を持っているということなのです。やがて、キタラはギターやチターになって、日本にも入ってきました。

私は、重要な楽器群は、三つに分けられると思っています。一つは、ライアーやキタラのような弦楽器、これは揺らぎのリズムを持っています。つまり、生のアコースティックな自然音です。

二つ目は、世界中のありとあらゆる民族が持っている最も古い楽器、太鼓です。これはドラムボーイや諏訪《すわ》太鼓など、戦場で先頭に立って、人を鼓舞するものとしても使われました。

あの映画『天と地』で、攻め込んで行くときに、巫女《みこ》さんたちが諏訪の陣太鼓を叩いて勇気づけるシーンは忘れられませんし、有名な忠臣蔵も、山鹿《やまが》流の陣太鼓だったから成功したのであって、もしもあれが三味線《しゃみせん》だったら、討ち入りは成功しなかっただろうと私は思うのです。

太鼓にはそういうメッセージ性があるのと同時に、心臓のビートに働きかける強い力を持っています。

たとえば、マレーネ・ディートリッヒがヒロインを演じた映画『モロッコ』では、太鼓が効果的に使われています。日野原先生も、彼女が、裸足《はだし》になって砂漠を走って行くときの太鼓の音が忘れられないとおっしゃっています。

このように、太鼓には、人の心を奮い立たせる力があります。心臓に直接働きかける音を持っているリズム楽器だからで、世界共通の楽器になっているのもむべなるかなでしょう。最近のラスベガスのショーには、和太鼓がたくさん取り入れられています。鬼太鼓座《おんでこざ》や鼓童《こどう》などの和太鼓グループが、もう何年もの間、アメリカやヨーロッパに演奏旅行をしてきたことが、今の全世界的な流行をつくったのでしょう。

太鼓には、人を鼓舞《こぶ》し、元気づける要素がありますから、私はいつか、世界中の子どもたちによる太鼓の大会を小田原城あたりでやれたらいいなあ、と考えています。

そして三つ目が息吹《いぶき》、つまり、人の息を吹き込んで鳴らす楽器です。笙《しょう》、笛、篠笛《しのぶえ》、サンポーニャ、フルートなどがその代表です。なかでも笙は、雅楽で和音を奏するものとして使われ、正倉院《しょうそういん》には、笙と、それを大型にした低音用の竽《う》が、御物として残っています。おそらく、奈良時代に唐楽《とうがく》の楽器として伝来したものなのでしょう。人の息で鳴らす楽器は、理想的な呼吸法を導き出します。先ほども申しましたように、呼吸を整えることは、体のリズムを整えることなのです。

これらの楽器が奏でる音を聴きますと、材質こそ違え、共通の楽器が世界中にあることがわかります。そして、すべての国は昔、ひとつにつながっていたのかもしれないという、さまざまな想像を掻きたてられるのです。

♪大自然そのものがピュアな音楽

湯川さんは旅行に行くときにはどういうCDを持って行くのですか？　とインタビューなどで聞かれることがあります。そのとき私はいつも、何も持って行きませんよ、と答えます。たしかに、音楽は素晴らしいものですし、人の心を癒す力を持っています。

でも、楽器を奏でることや、歌うことだけが音楽ではありません。旅先には、自然そのものが持つ音がたくさんあります。たとえそれが、人間の耳には聴こえない周波数を持っていたとしても、色彩や風、寄せる波や虫たちの小さな呟きは、美しい音楽を奏でてくれているのです。

そして、その音楽のほうが、人工的な音楽よりも美しいと感じることが多いのです。ですから、私は、

「旅先に行ってまで人工的なCDで音楽を聴こうとは思いません」

と答えるのですが、できることなら、その場所にしかない音や音楽を聴きたいものだと思っています。でも、残念なことにそこが船着場であれ、富士山の頂上であれ、なぜか人工の音楽が流れている。でもこれは、騒音以外のなにものでもありません。私は、この世にある、心地よいもの、風や色や匂いを、人間の耳に聴こえるようにしたのが音楽だと思っていますし、人間の感情や思いや意思を、音に変えて表現したものが音楽だと思うのです。

ですからまずは、大自然そのものが、ピュアな音楽を奏でているのです。

古代インドでは、音楽にあたるサンスクリット語のサムギータというのは、声楽、器楽、踊りを総称したものだとか。十三世紀に書かれた論文には、打たれ、あるいは表わされた音と、打たれない、あるいは表わされない音は、宇宙の神的創造原理と同じものであるとされていました。

つまり、すでに打たれた音の中にもたくさんの聴こえない音があって、その両方の音を認識することが、私たちのいのちにつながっているのだということです。このたくさんの聴こえない音を、大自然の音だと言い換えることもできるのではないでしょうか。

ほんの四年ほど前まで、毎年五月になると、世田谷の我が家にもフクロウ（アオバズク）がやって来ました。真夜中、私が手で鳴き声を真似てホウホウホウと三回吹くと、フクロウも三回答えてくれたものでした。

しかし、古木が切り倒され、マンションが建ち並んで、もうフクロウは来なくなり、代わりにカラスが鳴くようになりました。夜中から朝方まで鳴いていることもあります。鼻をつままれてもわからない闇もなくなりました。闇の中でこそ、鋭敏になって聴こえてきたはずの「サウンド・オブ・サイレンス」（沈黙の音）は、もうどこにもありません。そういう闇がなくなってしまったのですね。

フクロウやカラスだけではなく、闇をなくした悲劇は、人間にも及んでいます。夜中にコンビニの前に集まってくる子どもたちです。闇が喪失すると、分泌されるべきホルモンも分泌されなくなります。眠れなくなった子どもたちの心や体の変化を心配しているのは、もちろん私だけではないでしょう。

彼らに、大自然の奏でる音楽、聞こえないけれども、必ず奏でられている音楽を聴かせてあげたいものです。

そのように考えますと、旅行には、音楽はおろか、カメラや映写機なども持って行く気持ちをなくしてしまいます。カメラを構えることにかまけていると、自然の奏でる音が聴こえなくなってしまうし、せっかく見た景色も記憶に残らないんですね。

実をいえば、私も八ミリが出たときは喜んで買ったことがありました。それを持って行って撮りまくったこともありますが、その後、それを何回見たでしょう。ほとんど見ていません。

しかも、私は、八ミリに撮った以外の景色を、全然覚えていないのです。カナダの美しい山々に雪があったかどうかさえも覚えていませんし、あの時は熊を撮るのに夢中で、ほかに周囲に何があったのかも思い出せないのです。

旅行の思い出は、そのあとで、反芻《はんすう》して楽しむものですよね。思い出に価値があるのは、自分が生きている間であって、それをフィルムの中に閉じ込めておくことに一体どれほどの意味があるのでしょう。

何も持たずに行けば、大自然の音が聴こえてきます。それはまさに、一千万もの音を含んだ「サウンド・オブ・サイレンス」の世界なのです。

♪地上のあらゆる物体はメッセージを出している

旅の効用は、日常を離れることで、鈍っていた感覚を呼び覚ますことにもあるのかもしれません。山を歩いたり、海辺の町や温泉を訪ねたり、外国に行ったりして、知らない新しい土地を訪ねると、それぞれの場所が持つエネルギーを感じます。

すごく気持ちがいい場所だなと思ったり、時にはふっと違和感を感じたり。それがどこからくるものかはわかりませんが、たとえば森林浴などですと、ずいぶんといろいろなことが科学的に解明されてきました。森の中に生えている木は、養分をたくさん空中に発散しています。その空気を吸い込むことで、私たちの体のどこがどう活性化するのか、とか、どこが刺激を受けて、どんなふうに反応しているのかとか。

たとえば、森林の中などで運動をすると免疫力が上がるといわれ、実際に測定もできるようになってきました。私たち都会に住む人間でも、さまざまな自然の営みがなされていることに気づかされます。木の下に車を止めれば、びっくりするほどたくさんの樹液が出ていて、フロントガラスにくっつくことがあります。

毛虫がついた桜の木は、「毛虫がついたよ」という情報を仲間に発信し、四百メートル範囲の桜の木は、毛虫のきらいな樹液を出し始めるなどという話もありますし、私は以前、木が出している情報を増幅して音にしたというものを聴かせていただいたことがあります。サキソフォンに似たような音で、亡くなったテナー・サックスの松本英彦さんは、その音と掛け合いで演奏をしたことがありました。

ですから、子どものころ読んだ童話、『聞き耳頭巾《ずきん》』も、もしかしたらそんなことが民話になっているのかなあ、と思うのですが、ウサギが落としていった頭巾を、おじいさんが拾ってかぶってみたら、森の生物たちの声が聞こえてきたというお話です。

庄屋さんの娘さんが病気で、どんな名医に見せても治らず、庄屋さんは嘆き悲しんでいたのですが、おじいさんは、聞き耳頭巾をかぶって、庄屋さんの家の前まで行ってみます。

するど、庄屋さんの家に、大きなクスノキがありました。そのクスノキが、夜中になると毎晩泣いていたのです。

「いったいどうしたんだい？」

おじいさんが聞くと、

「庄屋さんが、私の足の上に蔵を動かしたから、それで、私は眠れなくなってしまいました」

痛い、痛いと泣くクスノキの嘆きを聞いて、おじいさんは、蔵を動かすよう、庄屋さんに進言《しんげん》します。その結果、娘さんの病気も治り、おじいさんはたくさんのお礼をもらって、めでたしめでたしという、このお話に示唆《しさ》されるものはたくさんあります。

現に、桜の銘木《めいぼく》などと騒がれて、見物人が根元を踏み固めてしまったため、急にその木が衰えたなどという話を聞きます。

もっと、自然が発するメッセージに、私たち人間は耳を傾けなさいということなのでしょう。おじいさんは聞き耳頭巾をかぶることで、鳥の声もウサギのおしゃべりもわかるようになりました。私たちにはそんな便利な頭巾はありませんが、本来、ありとあらゆる物体は、人間の耳には聞こえないメッセージを出しているのだと思うのです。

こうした民話が世界中どこでもあるということは、目にも見えず、音にも聞こえないけれど、すべての物体は振動し、互いに共鳴し合って生きている。

これまで真空と思われていた宇宙空間にも、量子と呼ばれるエネルギーが満ちていて、振動している。ということは、すべてがリズムと情報を持って存在しているということなのです。

アーティストと呼ばれる人たちは、そんな自然の声を聞く力に長《た》けているといわれますけれど、日本では宮沢賢治さんが、その代表的な人でしょう。

私は、自然写真家の星野道夫さんが、熊に襲われてカムチャツカで亡くなったとき、知人が送ってくれた『なめとこ山の熊』という物語で、改めて宮沢賢治の世界に慰められたものでした。アラスカや南極でムースや白熊などを撮ってこられた星野さんは、前世は熊だったかもしれないというくらい熊がお好きな方だったのです。

このお話の主人公は、絶対に熊を仕留める凄腕を持った猟師です。彼は、熊を仕留める前に、必ず、

「ごめんな。でもあんたを必要としている人がいるんじゃ」と言って謝るのです。しかし、やがて年をとった猟師は、ついに熊に負けてしまいます。

その猟師が亡くなった晩、大きな満月が山に昇りました。そして、死んだ猟師の周りには、熊たちが集まって、車座になって座っていました。そして、頭をうなだれて、「みんなあんたが好きだった」

と言って、猟師に祈りを捧げるのでした。

このお話を読んで、私は、この世の出来事には、何ひとつ無駄なことは無く、つながっていて、それで自然は成り立っているのだと思いました。だから熊が大好きだった星野さんも、決して悲しんではいらっしゃらないだろう……と。

宮沢賢治は、『農民芸術概論』の中で、次のように述べています。

「自我の意識は、個人から集団へ、そこから社会へ、次には宇宙へと進化する。この方向は、古い聖者が踏み、また教えてきた道ではないか。新たな時代は、世界が一つの意識になり、生物となる方向にある。正しく強く生きるとは、銀河系を自らの中に意識して、これに応じて生きていくことである」

宮沢賢治は、百年も前の人です。『セロ弾きのゴーシュ』や『風の又三郎』に象徴されるように、百年前に、すでに、大自然の音というものに、大きな関心を払っていたことがわかります。おそらく、彼はその感性によって、日野原先生もおっしゃっているように、音楽療法そのものを体で感じていたのではないでしょうか。

♪アイルランドの妖精と天照大神《あまてらすおおみかみ》の共通点

知人から聞いた娘さんの話ですが、彼女は中学生のころから、なぜかアイルランドに興味を持ち始めました。この十年間で数回アイルランドを訪問し、バグパイプも習い始めました。彼女にとって、アイルランドは第二のふるさとになったようです。

かくいう私も、アイルランドのケルト音楽が好きでよく聴きます。もしかしたら、ケルト文化は、ヨーロッパを伝わって日本に来たのではないかと思うことさえありますし、山田耕筰さんの曲は、とりわけアイルランドを感じさせてくれるものがあります。

私のジャンルでいえば、アイルランドには、「U2」という有名なロックバンドがありますし、ヴァン・モリソンという有名な歌手がいます。私は彼らの演奏している音楽には、精神的にも、音楽的にも、大変親しみを感じます。知人の娘さんも、アイルランドの音楽や文化に、ある種の懐かしさを感じているのではないでしょうか。

もちろん、ケルト文化が昔むかしに日本に入ってきたという証拠はありませんが、私は、両方の音楽や文化に、大きな共通項が感じられてならないのです。

共通項を感じる理由は、アイルランドの神話にもあるのかもしれません。キリスト教が入ってくる前のアイルランドの神話には妖精がよく出てきます。ホスピスに関係した精神科医、エリザベス・キューブラー・ロスが書いた本（『人生は廻る輪のように』上野圭一訳、角川書店）の中にも妖精が出てくるのですが、ケルトは日本と同じような多神教で、中でもダヌ、あるいはダーナ、またはブリギンドとかブリギッドと呼ばれる大母神と、日本の天照大御神には、とても似ているところがあるようです。

天照大神は、天地が真っ暗になって困った他の神々が、岩戸の前でおもしろおかしく歌い踊っているのが気になって、ついにたまりかねて、思わず戸を少し開けてしまい、力持ちの神に思い切り引き開けられたという、「音楽力」の原点にあるような楽しい逸話の持ち主でもあります。

ケルトの自然の中にある神々に対する考え方は、ひとくちで乱暴にはくくれないまでも、「日本神道とケルト神話」といったシンポジウムが開かれたりすることからもわかるように、他のキリスト教国やイスラム教国とは違って、古来、日本人が持っている自然観やメンタリティーと共通するものがあるように思えてなりません。

♪音楽の原点は、大地に立って歌うこと

子どもたちが、テレビの前でゲームばかりをやっているような生活は、人の姿勢を前こごみに固定させ、自由な発想を妨《さまた》げるとお話ししました。それならば、ゲームの中ででも子どもたちに音楽を聴かせれば、音楽療法になっていいのではないかという発想が出てくるかもしれません。

残念ながら、音楽はそれに合わせて歌ったり踊ったりしない限り、ただ聴かせても音楽療法になるとは限らないし、特に相手が子どもの場合は、こちらから働きかけ、能動的に動く要素が必要になってきます。

私たち人間の基本的な音楽は、声を出すことです。自分の声を出すこと。自分が声を出すことで、自分の存在を表現することができます。声を出すことで、体中の細胞が共鳴して振動するのです。

人は「あー」と言っただけで、心や身体がほんのちょっぴりでも解放されるのです。

ですから、ほんとうに落ち込んでしまって、何をする気力もないという人には、とにかく「あー」と声を出すことを勧めています。

「あー」という気力もないというのでしたら、まず一歩歩くことです。オイチニ、オイチニと歩くだけで、歩くリズムを自分の体に取り入れる。そうすれば「あー」と声が出せるようになります。「あー」と言えるようになったら、次の段階は、それにメロディーをつけてみる。

私が、こういう提案ができるのは、私自身に、「あー」とも言えなくなった体験があったからで、以前に、『幸福への旅立ち』（海竜社）という本にも書いたことですが、私はある日突然、寝耳に水の家庭崩壊に見舞われました。

夫だった人とは、前の日まで仲良く散歩をしていて、幸せな結婚生活をしていると思い込んでいましたから、まさに青天の霹靂《へきれき》とはこのことでした。足元から力が抜けていって、しばらくは立ち直れなかったものです。どうやって自分を元気にしていったらいいのかわからないままに、体のエネルギーはなくなっていくばかりでした。

そのとき、ともかく歩こうと思ったのです。自分に何らかのリズムを与えることが必要だという知識だけはあったからで、最初は、歩く力もなくなっていましたから、ステッキの助けを借りました。

そして、夜の駒沢公園を歩いたのですが、ステッキにすがったことが、かえってよかった。ステッキをついていると、体を引きずるようにしか歩けません。ですから、自分に一、二、一、二、と、掛け声をかけないと歩けなかったのです。

ヘッドホンで音楽を聴きながらのウオーキングでしたが、歌詞がある音楽は感情移入してしまってつらいので、選んだのは、毒にも薬にもならないけれど、いつ聴いても気持ちがよくなるという音楽でした。ちなみに、それは私の甥の神山純一という作曲家が作った『エトワール』というアルバムで、星座の形を五線譜に置いて、音符の接点を音楽にしたものです。

それを聴きながら、オイッチニ、オイッチニと歩いているとき、その音楽さえも聴きたくなくなって、私はヘッドホンを外しました。すると、満天に輝く星や、膨らみ始めた花の蕾《つぼみ》が目に入るようになったのです。

そうやって汗ばんだ体を、お風呂で流し……という生活のあと、ようやく「あー」と声を出せるようになったのですが、その「あー」から「いーうーえーおー」と、強制的にメロディーをつけて歌うように努力してみました。そして、次第に元気を取り戻していったのです。

歩くことでいのちのリズムを取り戻したなどというと、なんだか迷信の世界だと思われる向きもありますが、私たちは歩くことで、リズムが太ももから大脳へと伝達されます。そして、くよくよと考えていた左脳が右脳的な働きに置き換えられて、結果的に免疫力が増すのです。

そこで私は、改めて音楽の素晴らしさを感じて、音楽の原点が、大地に立って歌うことなのだということを実感できました。「あー」と声を出すと、自分を取り囲む周囲の自然もざわめいて、「人間も花も動物も、みんな一度は死ぬのだから、納得がいくように生きてみようよ。少しでも元気に生きてみようよ!」と、声をかけてくれるのです。みんながつながって生きているのだということを、体で認識できた日々でもありました。

第5章 なぜ音楽は人を癒すのか

9　音楽は人間の心・体・魂、全てに働きかける

日野原重明

♪音楽会に来る人だけでなく、病んだ人にこそ音楽を聴かせたい

私は、今から十七年前に、桐朋学園大学の三善晃学長に、

「うちに音楽療法の講座を開いてほしい」

と言われて、会いに行きました。桐朋出身者は優秀な演奏家になります。でももちろん、みんなが演奏家になるわけではなく、ピアノを教えたり、学校の先生になったりといろいろな道があるわけです。

しかし、音楽が、演奏会に来るお客さんのために演奏する音楽で止まっているのはおかしいと、私は思っていましたから、

「病む人に聴かせる音楽もあるんじゃないですか」

と学長に申し上げたのです。すると

「そうか」

という顔つきをなさったのです。

「今までそんなことを考えたことがない。音楽は演奏してみんなに聴かせるというだけだった。それが病む人に対して癒しの力になるのであれば、音楽というのは大変な役目があるのだな」

と、その後、朝日新聞に書かれていました。それが私の出した音楽療法の本の前文になったのです。

くり返し申し上げたいことは、どんなジャンルであれ、音楽が持っている癒しの力には、絶大なパワーがあるということです。

♪医学にも音楽にも必要な「タッチ」の気持ち

読者の方々の中には、音楽療法士は、医者が兼務できるのではないかと思われる方がいらっしゃるかもしれません。しかし、医者は忙しくて、何もかもはできません。

その上、音楽療法は時間が要るものです。三分診療ではできないのです。いっしょに診ていてあげることが何より大切になってきます。ホスピス運動の祖であるシシリー・ソンダース先生が私に最後に言われたことは、

「いっしょに死んであげる、いっしょにそばにいる」

ということでした。入院の病床や病院の建物内だけではなく、そういう関係が大切であるということです。それは家でだってできることです。私はその、

「患者さんとともにいる」

というのがホスピスの精神の一番根底にあるように、ともに音楽を聴くということでその患者さんの持っている癒しのポテンシャルを引き出せると思っています。

もともと人間には体を癒す力が与えられていますが、お医者さんは忙しくそれを引き出すことができません。ですから、いっしょに音楽を聴きながら、ドクターとよく連絡を取ることができる人でないと音楽療法はできないと思っています。

私は、医者という仕事には、三つの要素が必要だと思っています。私はそれをいつも三角形で書くことにしています。一辺は「医学の知識」です。二つ目の辺は、手術などの「テクニック」です。

そして、三つ目の辺は「患者さんへのタッチ」です。同じように医学を勉強し、同

じようなテクニックを持っている人でも、それを患者に適用するときに患者への「タッチ」が違うわけです。

音楽家でも同じことです。

バッハでもドビュッシーでも、音楽家であれば、理論はちゃんとしていて、テクニックについても、指はちゃんと音譜どおりに弾くことができるでしょう。ところが、演奏会でのパフォーマンスや、聴いている人に届ける届け方がみんな違うわけです。そうすると同じ高さやリズムでも、全体が違ってきます。パフォーマンスは、医学でいえば、手当て、タッチです。それには、言葉によるタッチもありますし、それから手のタッチも含まれています。あるいは、物を言う場合の間の取り方なども、それに入るでしょう。そういうタッチで医者と患者との関係は変わってしまうわけです。

音楽も同じです。

いのちの最期に聴きたいと思った曲でも、私のイメージに合ってくれないと困ってしまいます。かえって気になって安らかな最期《さいご》を迎えることができなくなるに違いありません。

♪いいコミュニケーションの第一は一オクターブ高い声

以前もお話ししたことですが、子どもは生まれてから十日間くらい目は見えません。でも生まれてすぐでも手を叩くとビックリします。

つまり、胎児のときから聴覚は働いているのです。お母さんの心臓の音はいちばんにキャッチしているのです。だから生まれた子どもがぐずついたときに、お母さんの心臓の音を録音したものを聞かせると静かになるという事実があります。

それは胎児のときに聞きなれたアットホームな環境でしょう。だから音というのは胎児のときからすでに聞こえているのです。

胎児に聴かせる音楽として、モーツァルトが最適といわれる所以《ゆえん》は、モーツァルトの音楽の音域が、人間の声の音域を主に使っていることです。だから彼の音楽は音楽療法にも好んで適用されているのでしょう。

というわけで、人間の声は音楽と同じで、有効なコミュニケーション手段になるのです。たとえば、長野の松本で、人間の声とコミュニケーションについて関心を持った女性がおられました。

これがすごくおもしろいのでご紹介しておきたいと思います。たとえば主人が帰ったときに、妻は、

「おかえり」

と低い小さな声で言ったとします。聞こえなかった主人は、

「おかえりぐらい言えばいいじゃないか」

と言います。そこで、

「言いました」

「言わなかった」

と、両方とも言ったとか、言わないということで喧嘩になります。ところが、主人には無愛想《ぶあいそう》な妻も、子どもや孫が来たときは、ご本人が意識していなくても、一オクターブ高い声を出しているのです。

そこで私たちは、子どもや孫に対するような気持ちで、気分が乗らなくても一オクターブ高い声で、帰宅した主人に、

「おかえりなさい」

と言ってみようという運動をしているのです。

同じような話がもう一つあります。私の子ども時代からのある親しい友だちが朝五時前に、私に電話をかけてきたことがありました。叩き起こされたという気分で、私が寝たままの姿勢で受話器を取り、誰からの電話か知らずに低い声で、

「何の用ですか」

と言いました。そしたら彼に、

「具合でも悪いの？」

と言われたのです。彼に声で診断されたと思いました。それからは、誰から何時に電話がかかってきても、起き上がって人と対話する姿勢で一オクターブ高い声で、

「ハイ、何でしょう」

と言うようにしています。かけてきたほうが、

「こんな時間ですみません」

と恐縮すると悪いので、

「いえ、まだ起きて原稿書いていたところです」

と言うのです。すると、先方も話しやすくなるからです。そのために、寝ていても、電話がかかれば、反射的に起き上がるようにしています。寝てしゃべるのと起きてしゃ

べるのとでは、声のトーンが違うのです。

そう考えますと、いいコミュニケーションの第一歩は、一オクターブ高い声にあるようです。先ほど例に挙げた女性は、さらに、

「愛している」

「幸福なの」

などという言葉を、ワークショップで、受講の人と人との間で練習させるのだそうです。そういう言葉を練習し、とにかく家に帰ってから妻が夫に一度勇気を持って言ってみると、何かが変わってくるようです。

しかし、日本ではそういう習慣がありませんから、なかなか難しいことでしょう。ですから、せめて高い声での会話をお勧めしたいと思います。

♪遺伝子という部品を組み合わせる研究

音楽は、ただ心地よいというだけでなく、法則や理論があります。それとテクノロジーもあります。

そして音楽を演奏するときには、お医者さんが手当てをするのと同様のパフォーマ

ンスがあります。これは演技です。医学にも音楽にもその演技があるのです。だから音楽とサイエンスは似たところがあります。

私は最近、遺伝子のことを勉強しています。この分野ではいろいろなことがわかってきました。

まず誰もが三万八千個の遺伝子を持っていることです。その中には、よい遺伝子もあれば、痴呆になるというようなよくない遺伝子もあります。それから、糖尿病など、さまざまな病気の遺伝子もあれば、食べても太りにくい遺伝子や、逆にすぐ太ってしまう遺伝子など、いろいろあります。

この遺伝子ですが、遺伝子が人生のすべてを決めてしまうと思っている人が多いのではないでしょうか。ところが、実はそうではないのです。

遺伝子はいわば部品といえましょう。どの遺伝子とどの遺伝子がどのようにくっつくかで、出来上がったものに大きな違いが出るわけです。

どうくっつけばどうなるかは、これから徐々にわかってくるでしょう。それと同時に、たとえば、

「痴呆の遺伝子があるけれど、こういう条件だとその遺伝子は眠ったままで目を覚ま

さない」

「よい遺伝子はどういうときに触発されるのか」

というような、人間を形成する環境がこれから解明されていくのではないかと思っています。

今私たちは、七十五歳以上の「新老人の会」の会員の方々には血液を採って遺伝子を調べさせてもらい、毎年人間ドックなど、いろいろな医学的検査をしています。

それと同時に、その人の社会的環境もデータ化してインプットしていきます。たとえば、どういう運動をしているのか、食事はどうか、どんな宗教を持って、どんな生活をしているのかというようなことです。

それを十年続ければ、その人の人生がどうなってきたかという結果が出るでしょう。アメリカではこのような研究が日本よりも一歩進んでいます。

そのアメリカでの研究では、八十歳以上の人のうち、五人に一人は患っているという痴呆についての研究成果が現われ始めました。痴呆の遺伝子を持っていても、発症する人もいれば、発症しない人もいるというのです。

それは、どうも遺伝子よりも環境の影響がその人をつくっているのではないかということになります。

ですから日本でも、これからの研究は、どういう環境が悪い遺伝子を眠らせるか、あるいはよい遺伝子を目覚めさせるかという方向に向かって研究が進んでいくでしょう。これから非常におもしろくなっていくと思います。

♪実証されている医療、実証されていなくても有効な医療

前項で申し上げたように、患者さんが、一方的に医者の指示に従うという医療はずいぶん長く続きました。しかし、ようやく、徐々にではありますが、一般の人たちが医者を批評できる資料が集まってきたようです。

患者さんから医者に要望したり質問をしたりするようになって、斬り込むことができるようになってきましたから、医者側もうかうかとできなくなってきているようです。

医療には、精神的な作用というものがあります。

「病は気から」

という言い古された言葉は決してウソではなく、医者のひと言で、実際にホルモン

が出たり、さまざまな免疫力ができることがあるのです。

しかし、残念ながら、医学はそれらをきちんと実証するには至っていません。ですから民間療法でも効くものはあるのでしょうが、実証性がないから、

「あれはいい加減だ」

と言われてしまうのです。

サイエンスがそこまでフォローしていないから実証できないのです。そして、実証できないからといって否定する人が実に多いのです。

実証することが大きな説得力になりますから、私たちは、音楽療法で音楽を聴かせるときに、唾液《だえき》や血液を採って検査する研究も行われています。

その結果、適切な音楽に接することでホルモン量が増え、免疫力が高まり、リンパ球の働きも変わってくるということがわかるようになりました。癌患者の場合には、血を採ることははばかられますから、「音楽療法について調べたいので協力してください。音楽を聴く前と後で唾液を採らせてください」

と了解を求めてから調べることを始めています。結果は同じように出るでしょう。

こうして医学的テクノロジーが進んだ部分については、実証され、納得がいくように

なってきました。

　こうして、少しずつ音楽療法の効果が立証されてきましたが、納得できない部分で、奇跡のような不思議なことはたくさん起きています。お薬が効かない病気も、音楽が患者さんの心に作用して、それが癒しの働きとドッキングすると考えられています。

　問題は、今の音楽療法の多くはボランティアでやっているということです。その人たちが生活するためには、他の医療行為がお金で支弁されているのと同様に、やはりお金で評価されなければなりません。

　そのためには音楽療法士の国家試験が必要です。そこで今、お医者さんの国家試験のように、音楽療法士も国家試験をして身分をはっきりさせ、音楽療法からの報酬を保険診療に入れてくださいということを、国会議員に働きかけているところです。

　あと二年、そう遠くない将来に身分法が、成立するのではないかと思っています。

♪良い環境を与えると遺伝子は上手に機能する

　日本が経済優先の政策を取り続けてきたこの数十年間、とにかく名門校に入れば良いという風潮が広まりました。勢い、暗記教育が最良の教育法ということになってしまったのです。

そこで私が今注目しているのは、カナダのハミルトン市にあるマクマスター大学の教育体制です。

この大学は、一九六七年創立の新しい大学ですが、医学や看護などのサイエンスの教育が非常に新しいということで、世界から注目されているのです。何が注目されているのでしょうか。

それは、教壇から説教するような一方通行の講義ではなくて、自己学習で学び取るという姿勢を徹底させていることです。つまり、医学でも看護学でも、問題をどう解決すれば良いかという課題から始めるわけです。

これを、「プロブレム・ベイスドの体験学習」といいますが、マックマスター大学におけるこうした学び方は、見事な成功をおさめました。このメソッドは、二十年ほど前に、ハーバード大学医学部でも「ニューパスウェイ」という呼び名で取り入れられました。ですから、今のハーバード大学の教育は目立って良くなっています。私は、ハーバードにこれを取り入れたトステソン学部長からその内容をよく伺いました。先だってはこれを創《はじ》めたマックマスター大学に行きました。最近帰ってきたところですが、やはり彼我《ひが》の違いを痛感せざるを得ませんでした。

その大きな違いは、日本では、お説教的なことを記憶して、先生の言ったとおりに書くと点数が良いというようなティーチングになっていることです。しかし、それでは、学生たちから、自分で問題点を発見するチャンスを奪ってしまいます。

ですから、今後私たちが学問をするときには、もっと体験的に学習する必要があります。それをしながら、自分の持っているポテンシャル（良い遺伝子）を、自分が上手に開発するような環境を、学校なり家庭が与えることが必要だと思っています。

福沢諭吉は、すでに明治十年ごろに、次のように言っています。

「学校は教える場所だが、学びは家庭で学ぶ」

最近は、先人のこうした言葉が無視されています。教育問題はすべて、学校で学ぶものということになってしまい、学校だけに頼りすぎてきました。

今学生たちに、

「学問するって英語でどういうか」

と尋ねますと、受験生や看護大学生は、

「スタディー」

と答えます。彼らは、私がさらに、

「スタディーは学ぶということ。学問するは？」

と聞くと止まってしまうのです。

学問するということは、英語でラーニングといいます。ラーニングとは、お説教的なものを聞いて先生のイミテーションをすることではありません。私たちが体の中でそれをつくり上げることです。

最近、家庭や学校において、良い環境を与えると、遺伝子が上手に機能するということがわかってきました。

たとえば、八十代になると二十パーセントの人が痴呆になるといわれています。たしかに、痴呆になる遺伝子を持っている人はいます。ところが、最近のアメリカの研究で、次のようなことが次第にわかってきたそうです。

「良い環境に置くと、痴呆になる遺伝子が眠って、良い遺伝子が目を覚ます。逆に、痴呆の遺伝子がない人でも良くない環境に置くと痴呆になる」

このことは、教育体制を大幅に変えて良い環境を与えれば、将来、痴呆になる率が大幅に減少する可能性を示唆していると、私は思っています。

♪いっしょに泣いて、笑ってくれる音楽に癒される

半世紀遅れとはいえ、日本でも音楽には癒し効果があるということは、少しずつ科学的証拠やいろいろな病気への免疫力が示されるような研究段階になってきています。癒しとは何なのでしょうか。それは、私たちの細胞や体や血液の中には、外から感染したバイ菌に対して抵抗する力があるということです。

つまり、私たちの遺伝子は、傷ついた細胞がまた再生するという、素晴らしい力を生まれながらにして持っているということです。しかし、その大部分は、オンにならず、働く前に眠っているのです。

私たちの体には三万八千の遺伝子がありますが、遺伝子には良い遺伝子もある一方で、良くない遺伝子もあります。

ですから、良くない遺伝子がオンになることもあれば、良い遺伝子がオフのままということもあるわけです。年をとってから痴呆症状などを呈するのは、良くない遺伝子が目を覚ましたからでしょう。

その一方で、多くの遺伝子の中で、良い遺伝子が目を覚まさないでそのまま沈んで

しまうこともあるのですから、これは、ほんとうに残念なことです。私は音楽にある癒しの力を次のようなものと捉《とら》えています。

それは、音楽自体が何かを反応させるのではなく、人間が持っているポテンシャル（良い遺伝子）が、花を開くような条件に音楽が持って行ってくれているのではないかということです。

自ら持っている癒しの力が、そこで発揮されると考えるのが、一番合っているのではないかと私はしきりに思うようになったわけです。つまり、音楽が直接癒すのではないのです。

音楽は、人間の心を動かしたり、沈んでいる心を支えたりするようなメディアになってくれます。悲しい気持ちで失望しているときにマーチ風の音楽が合わなくて、いっしょに悲しんでくれるマイナーの音楽のほうが、むしろ気持ちを支えてくれたという体験は、どなたもお持ちでしょう。

それを、音楽療法では「同質の原理」といいます。音楽には、人間の心を支えたり、なごませたりする働きがあります。だからこそ、いのちと音楽というものには接点があると思うのです。

♪音楽療法士が患者の病んだ心と交流をする

医学や音楽に共通するこの三角形は、音楽療法士にも当てはめることができます。むしろ、音楽療法士にこそ、それは不可欠の要素といえるでしょう。

ですから、音楽療法士は、音楽を演奏する技術を持っていて、楽譜を編曲することもできる人がいいと思います。

そして、言うまでもなく、患者さんに合ったレパートリーのものを提供できるということ。それから奏でるときにはいっしょに歌うことができるということが大切です。歌うときにキーを三度上げるなどして、患者さんが歌えるようにしてからハーモニーをつけるような即興ができる器用さも必要です。

さらに、患者さんのお話を聞きながら、感情がどういう状態であるかというのを知った上で、その患者さんの心がどう病んでいるかを、ある程度、医学的・心理学的に判断する理論的な裏付けもなければなりません。

そうすれば、個々の患者さんに合った音楽療法を、いっしょに施《ほどこ》してあげられるでしょう。自閉症や拒食症の人は、人とコミュニケーションできなくなり孤独になりがちです。ここで良い音楽療法士は、その人が過去に味わった苦しみなどの話を聞きながら、何が原因でこうなってしまったのかを感じることができます。

つまり、音楽療法士は、音楽に合わせて振る指揮棒の片側を患者さんに持たせ、もう一方を自分で持ちます。患者さんがリズムに乗って手を動かすのを棒の反対側で感じると、共感していっしょに動くような状態になるのです。

そうすると二人の間には心が流れます。そうなると、患者さんは、お医者さんや看護師さんや親に言えないような潜在的な問題を音楽療法士に流してきます。そして音楽療法士は、医療者がつかむことのできなかった心の源泉に触れる内容をサジェストするわけです。

すると、今まで薬を飲んでも良くならなかったような人の心も、氷が解けるように良くなってくるのです。

実は今朝も、聖路加国際病院に入院している二十七歳の拒食症の女性に会ってきました。そうなってしまった原因はいろいろあったようですが、一番大きかったのは自分のお姉さんのほうが親の愛を受けていると思ってしまったコンプレックスでした。

その女性は、以前四十八キロあった体重が二十四キロになってしまいました。聖路

加に三週間入院しましたので、私は、

「音楽療法をしましょう」

と言ったのですが、

「経済的につらいから、もう少し費用のかからないところで療養したい」

と言って転院していったのです。

「外来でも治療できますよ」

と言ったのですが、結局、ある大学病院に行って三カ月経《た》ったころ、両親から、

「これでは死んでしまうから、もう一度先生のところでお願いしたい」

と言ってきたのです。

それは一カ月ほど前のことでしたが、それを聞いて私は、彼女の入院している大学病院に行きました。すると彼女の様子は、点滴をずっとしていまして、

「もうこれは死んでしまうな」

という感じでした。私は、彼女に、

「あなた、私のところに来たいという気持ちはあるの?」

と聞いたところ、

「先生のところに行きたい」

と言うのです。それでご両親にその希望を伝え、聖路加に転院して来たわけです。

私は、

「お薬では治さない。音楽療法をしましょう。音楽療法士に来てもらって、部屋の中で音楽を流すことにしましょう」

と言いました。それから一週間弱、私が診察した別れ際に、彼女が私と手を結んだのをナースが見て、

「こんな笑顔は今まで見ませんでした」

と言ったのです。それから三日目、特別な強壮剤があるのですが、それを口から一缶飲んだのです！　なんと今日行ったら小さなおにぎりを食べていました。これは、音楽療法で治るに決まっていると私は思いました。

ですから、優秀な音楽療法士に、本人がどんな音楽を聴きたいと思っているかの希望を伝え、

「どんな音楽が良いかを考えてやってください」

と頼んだのです。ほんとうにわずか三、四日で、彼女は上昇気流に乗ったのです。

健康な人には、患者さんの気持ちはなかなかわかりにくいので、元気を出してもらうために元気な曲をと思いがちですが、それは間違っていることが多いようです。気持ちが下がっているときにリズムで乗せることはとても難しいのです。ですから、悲しい音楽のほうがむしろ良いのです。

少し低音部が入っていて、綺麗なメロディーがある曲ということを考えながら、二、三の曲を試してみました。あるときは、患者さんが口ずさむのをライアーで伴奏しました。すると、だんだんと曲が出てくるのです。

そのうち、

「この曲が聴きたいなあ」

と言ってくるようになりました。このような段階まで進んだとき、あえてバイオリンコンチェルトを聴かせてみたこともあります。ちょっと激しいけれども、元気をつけさせようという試みでした。

そういった経験を積んでいくうちに、次第に、どういうことをしたら良いか、またその人の過去からどういう曲を思い出すかということがわかってきました。

「あなたが良かったと思っているときに聴いた音楽を、今からかけますから、瞑想《めいそう》してごらんなさい」

と言って聴かせたのです。すると、ドビュッシーやフォーレの曲を流すと、イマジネーションで、音楽がズーッと入ってくるのです。

♪心がにじみ出る即興《そっきょう》音楽

ところでボランティアという言葉の語源をご存じでしょうか。これも教会に密接に関係しているのです。

ミサのとき、神父さんが来られる前に即興曲を短く弾くのですが、その形式をボランタリーといいます。ボランタリーは、ただ決まった奏楽を弾くのではなく、その時の感情を短く自由に、思いのままに表わす、つまり自然に出てくる即興音楽です。ボランティアという言葉はそこから来たものといわれています。

今は音楽療法が日本でもだんだん盛んになってきました。患者さんがベッドサイドで奏でられる音楽を聴くという受動的音楽療法もありますが、歌を患者さんに歌ってもらい、それを音楽療法士が伴奏するというのを能動的音楽療法といいます。

歌う患者が高い音が出ない場合は、音楽療法士が原曲より三、四度低く伴奏をつけて、患者が歌いやすいようにしてあげます。

それから、みんな集まってレクリエーションとして、ピアノに合わせて歌ったり、ドラムを叩いたりするという療法もあります。

音楽療法には、このように三つの様式に分けられます。私が十六年前に、カナダのバンクーバーの大学病院に行ったときにこういう話を聞きました。

ある癌の患者さんが、

「アイルランドの民謡の『ザ・ラスト・ローズ・オブ・サマー』(日本では『菊(庭の千草)』)の歌詞の晩夏のバラのような、自分もまもなく死ぬという詩を書いたから、歌ってほしい」

と、アレキサンダーという音楽療法士に言ったそうです。彼女はギターを持って即興的に作曲して歌いました。すると患者さんが、

「もう一度、明日私のベッドにきて、同じ曲を歌ってください」

と頼んだので、彼女はその曲を楽譜に書きとどめ、翌日また彼のところにきてギターを弾きつつ歌ったのです。アレキサンダーさんは私に、

「音楽療法士には、曲の即興ができるような訓練も必要です」

とおっしゃいました。この心が通った一言は、私にとってとても感銘深い言葉でした。ボランタリーという、教会で演奏される即興曲が、ボランティアの語源であることを確信できたからです。

♪リベラルアーツの大切さ

医学はサイエンスですから、なぜこういう病気になったのかを証明する理論があります。そして、さらに、治すためのさまざまなテクノロジーがあります。

医学の理論とテクノロジーを、病んでいる患者にどう適用するかという技を「アート・オブ・メディシン（医の技）」といいます。日本語で言い表わせば、医学ではなく医術といったほうがいいかもしれません。

二千五百年前に、古代ギリシャの哲学者プラトンが、

「世の中には音楽、絵や踊り、彫刻など多くのアートがあるが、なかでも医学のアートが一番遅れている」

と言っています。それはなぜでしょう。私が思うに、プラトンがそれを言った理由は次のようなことだったのではないでしょうか。

たとえば、絵や彫刻、音楽などのアートには、聴衆や観衆に加えて、それらを批評する評論家がいます。評論家自身には絵を描いたり作曲したりする力はありません。しかし、目や耳が肥えていれば、その作品を批評し、世間に発表することができます。そして、芸術家の側でも、鋭い批評をされれば、もっと努力しようという気持ちになるでしょう。だから一層発展していくことになります。しかし医学は、

「とにかくこの薬を飲みなさい」

「言うままにやっていればよいのです」

などと、医師からの指示が一方的で、全然中身の情報を提供しようとしません。ですから、芸術家は上達するけれど、医者は独りよがりで、ほかのアートに比べて医術は遅れていると指摘されていたわけです。

それなのに、現在でも、医学は、依然として医師だけで固まっていて、ほかからの批評を避けているのです。

それでは、いい医者になることはできません。医学だけではなく、そのほかの学問を修め豊かな心を育まなければならないのです。それをリベラルアーツといいます。

古代ギリシャでは、これを基本として学び、その上で医者になったり、倫理学者に

なったり、法律家になったりするそれぞれの道に進んでいったのです。

芸術もしかりでした。ミケランジェロを今の芸術家が超えられないというのは、芸術は、その芸術家がゼロから始めなければならないものだからです。

一方、科学は、積み上げたものが残り、その上にまた積み重ねていくことができるので、その進歩は著《いちじる》しいものがあります。しかし、医者を志す人間ならば、その基礎にあるリベラルアーツを忘れてはいけません。

というわけで、リベラルアーツは、サイエンティストにこそ必要な条件なのです。そういう意味で、医学教育も、すぐに医学に行くのではなく、リベラルアーツを体得してから進むべきだと思います。

大学の受験勉強ばかりしていた人が、医者になって、患者の気持ちを理解するなどということができるはずがありません。しかし、その本質に反して、

「リベラルアーツを学んでいたら、専門家になるのが遅くなる」

とばかり考えてしまうのでしょう。初めから専門ばかり勉強させて、基礎となる人間としての大事な世界を知らないというのが今の科学、特に医学の現状です。

日本の医学界には、そういう基礎となる教養を持った研究者が多くありません。そ

のため、クリエーティブなものが出てこないのです。

ノーベル賞に、医学生理学賞が設けられてから百年以上になりますが、その間、日本のエリートと呼ばれる医学部を出た人は一人も受賞していません。アメリカで八十人以上もいることを考えても、日本の医学教育の誤りがわかります。

利根川進《とねがわすすむ》さんが受賞しておられますが、この方は医学部でなく理学部の出身です。

彼は、

「医師ではないけれど免疫について研究したい」

と言って、京都大学医学部の渡辺格《わたなべいたる》教授のところに行ったのです。渡辺教授は、自分はもう定年が近く君を世話できないし、理学部の人が医学部では何かとやりにくいだろうからと、アメリカの研究所を紹介しました。

アメリカは日本のような狭いセクトにこだわることがないからです。彼は、研究できるいい畑を紹介してもらえたということになります。

日本には、医学部を出たエリートはたくさんいますが、そういう畑がないから、芽が出ないのです。

アメリカの研究所の中には、医学者でも哲学者でも、あるいはエンジニアでもいっしょにランチをとるところがあります。別の分野の人たちと積極的に話ができるわけです。ですから、視野も知識もひじょうに広くなるのでしょう。

日本では、同じ心臓外科なら同じメンバーで研究し、食事をとり、オフの日の旅行もいっしょということも珍しくありません。他の分野の人たちとタッチしないから、とても狭くなってしまうわけです。

そういう意味で、リベラルアーツを広くやっていくことは素晴らしい畑をつくることになるといえます。

♪音楽こそ心と心のコミュニケーションに絶大な力がある

音楽療法士をライフワークにしてきて、ようやく音楽療法の医学的証拠が集まってきました。今政党は関係なく、音楽が好きな議員さんを集めて、議員さんのための勉強会をしているところです。

厚労省は保険診療でお金を取ることについて積極的ではないので、私は議員立法に持っていくつもりです。有力な元厚生大臣をなさっていた方も、

「先生、やりましょう」

と言ってくれています。議会が忙しすぎなければ、今年の終わりくらいまでに、立法化される可能性があります。

ぜひ促進していきたいと思っています。ほんとうに音楽でないと癒せない病気がありますす。ですから、立法化されれば、無駄な治療もいらなくなるのです。今の医療で駄目なところは、三分診療だということです。

ですから、すぐに、注射、検査、となってしまうのです。もっと患者さんの声を聞いて、そばに行って手を握ってあげるなどといったコミュニケーションが必要です。

そして、私は、音楽こそは心と心のコミュニケーションに絶大な力を持っていると思っているところです。

10　音楽の素晴らしさと出合った人生

湯川れい子

♪幼少時に始まった私の音楽体験

私の父は、海軍の軍人でした。戦前の遠洋航海で、アメリカやヨーロッパの生活を体験したからでしょうか。米澤出身の朴訥《ぼくとつ》な人でしたが、母に対しては本当にフェミニストで、モダンなところがありました。週末の夜は、家でタンゴのレコードをかけたり、母とワルツやフォックストロットを踊ったりしていたことを、幼心に良く覚えています。

また、私より十八歳年上だった一番上の兄は、音楽と絵画が大好きな人でした。当時としては珍しくピアノも上手で、月が美しい夜などは、目黒の家の広い縁側で父が尺八を吹き、母がお琴か三味線を、またその兄か、今もピアノを教えている十二歳年上の姉がピアノの前に座って、『六段』や『千鳥』といった曲を合奏したものでした。この戦死してしまった兄は、日野原先生も大好きだとおっしゃる「ボレロ」のレコードを持っていて、ピアノで弾いてくれたりもしていました。

今も私はよくこのことをエッセイに書いたり、番組で喋ったりするので、もしかしたらご存知の方もあるかもしれませんが。その一番上の兄が、大学を出たあと徴兵に取られて、いよいよ戦地に送られるという日の数日前から、私と母のために、庭の一角に防空壕を掘っていってくれたのです。

広い大きな防空壕で、奥の方には大人が三、四人ほど入れる横穴などもあり、兄はたった独りで三日という時間をかけて掘ってくれたのですが、その間、母と小さかった私は庭の梅の木の下に茣蓙《ござ》を敷いて、汗まみれで上がってくる兄に水やお茶を出しながら、おままごとをして遊んでいました。

兄は、私たちからは見えないところで穴を掘りながら、ずっと「メエ〜、メエ〜、森の小山羊《こやぎ》、森の小山羊」という歌を歌っているか、もう一つ、すごくきれいなメロディーの曲を、口笛で吹いていました。多分、自分を力づけると共に、幼い私や病弱だった母の身を思って、元気な歌を聞かせてくれていたのでしょう。

一度兄が傍に来た時に、「あの口笛はなんという歌ですか?」と私が聞くと、「あれは兄ちゃまが作った歌だよ」と答えてくれたのを覚えています。

やがて、いよいよ出発という日の夕方、兄は陸軍の軍服姿で私を抱き上げると、折りしも光り始めた一番星を指さして、

「覚えていてね。あれが兄ちゃまだからね」

と言って、そのまま二度と帰ってくることはありませんでした。終戦の年の六月に、フィリピンのルソン島で、「この村を死守せよ」といわれて、食べる物もないままに、上陸してきたアメリカ軍と対峙《たいじ》。壮絶な戦死を遂げたと聞いています。

やがて終戦になり、思春期を迎えた私は、多感で早熟で腺病質で、二カ月に一度は扁桃腺を腫らして高熱を出しては学校を休んで寝ていたのですが、詩集や本が大好きで、熱が引いてくると、ここぞとばかりに本にささってしまって、またぶり返す、ということをくり返しておりました。

そこで母は私から本を取り上げると、枕元にボックス型のラジオを置いてくれたのです。昭和二十四、五年(一九四九年~五〇年)頃の話ですから、もちろんテレビなんかまだありません。ダイヤルを回すと、美空ひばりの「悲しき口笛」とか、笠置シ

ズ子の「東京ブギウギ」が聞こえてくるような、そんな時代で、なぜか浪曲が全盛でした。

♪思い出の曲との運命の再会

そんなある日、音楽を探していたら、進駐軍放送と出合ったのです。グレン・ミラーとか、ベニー・グッドマンといった人たちのワクワクするような音楽が流れてきます。戦争中に父を失い、長兄は戦死。二番目の兄は海軍兵学校を出て、パイロットとして闘い、奇跡的に帰ってきたものの重傷を負っていましたから、当時の母の苦労は大変なもので、そんな時に父や兄を殺したアメリカ軍の放送を聴くのはどこか気が引けましたが、甘くスウィートなアメリカン・ミュージックを聴きながらうつらうつらしていると、いつかとても気分が良くなってくるのです。

思えばこれがやがて、私が音楽療法に引かれていくきっかけともなったのだと思いますけれど、そんな或る日、進駐軍のラジオ番組を聴いていた時に、突然あの兄が口笛で吹いていた曲が流れてきたのでした。

もう息も止まるくらいにびっくりして、どうして「兄が作った」という曲が、トランペットの音色で聞こえてくるのか。

それからは毎日、学校から飛んで帰ってくると、その曲が流れてくるのを待って、進駐軍放送にまずスウィッチを入れるという習慣が出来てしまったのでした。

そうして、その曲が、ハリー・ジェームス楽団の一九四二年の大ヒットで、「スリーピー・ラグーン（午後の入り江）」という曲だと知り、やがて同じラジオからエルヴィス・プレスリーが飛び出してきて、気がついてみたら今の職業に就いていたというわけなのですが、音楽を仕事にするようになってから調べてみた結果、「スリーピー・ラグーン」という曲が出来たのは古く、一九三〇年のイギリスでしたけれど、大ヒットしたのはやはり一九四二年のアメリカで、戦争たけなわの頃。おそらく兄は鉱石ラジオか何かで、ひそかにアメリカの音楽を聴いていたのでしょう。

その後、兄の遺品からは、COLOMBIA RECORDSなどという文字が入ったレコード・ジャケットのデザインらしい絵がたくさん出て来て、なんと白い水兵服を着たアメリカの兵隊さんたちが踊っていたり、金髪の女性が描かれていたり。もしあの兄が戦争で殺されたりしなかったなら、きっとイラストレーターやグラフィック・デザイナーの第一号になったろうに……と思うと、悲しくてたまりません。

♪私たちには音楽で平和な世界を守っていく義務がある

人間は言葉で言い合ったら戦争になるけれど、音楽でなら、いくら強く自己主張しあったところで、ハーモニーと笑顔が生まれてくるだけなのに、と、心からそう思います。

あの兄の分も、楽しい音楽の仕事ができる時代に生きている私は、だからこそイデオロギーでも何でもなく、音楽で平和な世界を守っていく義務があると思うのです。愛され、音楽に包まれて育った人間には、間違いなく人の心を思いやる感性が育ちます。人間としての優しさと、豊かな想像力が育ちます。

そして、その人間らしい特性は、必ずや平和に共存し、共鳴し、共生し、共振する基本的な能力となることでしょう。

そのためにも、ぜひ赤ちゃんがお腹の中に宿った瞬間から、子守歌を歌ってあげて下さい。

どんな曲でもいいから、お母さんがゆったりした気持ちで、時には赤ちゃんのお父さんとデュエットしながら、歌を歌ってあげてほしいのです。もちろん生まれてからはミルクを上げる時も、ねんねをさせる時も、黙ってころがしておくのではなくて、優しい声で歌いかけて上げて下さい。

そのことがまず何よりも健康で幸せな子どもをつくり、やがて塾に通わせたりすることよりも、素晴らしい人間と、素晴らしい未来や社会を創っていくことに、確実に役に立つはずだと信じています。

どうぞこの本を一冊でも多く、お知り合いのお医者さんや、学校の先生、小さい子どものお母さんやお父さん、そして政治家といわれる人たちにプレゼントして差し上げて下さい。私も財力がつづく限り、そうしたいと考えています。

おわりに――音楽は愛である――

九三歳を過ぎて、超人的な忙しさで毎日多忙をきわめていらっしゃる日野原先生と、思いもかけず何回かゆっくりとお目に掛かってお話ができる機会を頂いたのは、インターネット配信で健康情報が手に入る「ヘルス・ネットワーク」株式会社を経営しておられる奥山融《とおる》社長からの有難いお申し出でした。

日野原先生とは、音楽療法の世界を通して、今までにも何回かお目に掛かってはいるのですが、このように長時間お話が伺えるという機会は初めてで、私にとっても、本当に夢のような時間でした。

築地の聖路加病院の庭に、戦前のまま美しい姿で残っている初代病院長トイスラー博士のお住まいだった西洋館で、およそ二年間にまたがって伺ったお話を、今回は日野原先生と奥山社長のご好意によって、このような形でまとめさせて頂いたものです。

それぞれの立場や経験からの話を、会話のままではなく、対論という形にすることによって、よりふくらみが出て、ゆっくりとお読み頂けるのではないかと考えたからです。

とはいえ、まだまだ時間も少なく、語りたいこと、語るべきことは、この本の何十倍もあると感じてはいるのですが、その足りない部分は、今後皆さまご自身にさまざまな形で埋めていって頂けるものと思いますし、まずは
「音楽は心にも体にも万病に効く」

「音楽は副作用のない生薬《しょうやく》である」

「音楽は海よりも深い」

「音楽はまだまだ謎に包まれたままである」

「音楽は音学ではない。音を楽しむものである」

「音楽は愛である」

とまあ、ざっと以上のようなことがわかって頂けたら、それでいいと考えています。

最後に、時間がない中でご無理な校正をお願いしました日野原先生。辛抱強く付き合って下さった編集部の美野晴代さん。この本を理想的な形で世に送り出して下さった海竜社社長の下村のぶ子さん。出版をこころよく許可して下さったヘルス・ネットワークの奥山社長に、心から感謝申し上げます。本当にありがとうございました。

二〇〇四年九月二十日

湯川れい子

参考文献――日野原重明

『歌の翼に――緩和ケアの音楽療法――』デボラ・サーモン著（春秋社）
『フレディから学んだこと――音楽劇と哲学随想――』日野原重明著（童話屋）
『音楽の癒しのちから』日野原重明著（春秋社）
『新しい音楽療法――実践現場よりの提言――』篠田知璋監修　日野原重明他（音楽之友社）
『音楽療法入門　上・下』日野原重明監修（春秋社）
『左足をとりもどすまで』オリバー・サックス著（晶文社）
『聴く、生きかた上手』日野原重明著（ユーリーグ社）
『モーツァルトで癒す』日野原重明監修　ドン・キャンベル著　（日本文芸社）
『療育・音楽療法プログラム（高齢者・痴呆性老人のための）』赤星建彦・外著（音楽之友社）
『音楽療法を語る（精神医学から見た音楽と心の関係）』村井靖児著（聖徳大学出版会）
『音楽療法　ケーススタディ（上・下）』ケネス・E・ブルシア編著、よしだ順子、酒井智華訳（音楽之友社）
『音楽療法の意味（心のかけ橋としての音楽）』メルセデス・パヴリチェヴィック著、佐治順子、高橋真喜子共訳（木ノ森）
『声の呼吸法（美しい響きをつくる）』米山文明著（平凡社）

興味ある本のリスト―湯川れい子

（※すでに廃刊になった本もありますので、図書館やインターネットでお探し下さい。）

『音楽療法』ジュリエット・アルヴァン著　桜林仁、貫行子訳（音楽之友社）
『音楽の根源にあるもの』小泉文夫著（青土社）
『おたまじゃくし無用論』小泉文夫著（インナーブックス）
『バイオミュージックの不思議な力』貫行子（音楽之友社）
『ドラム・マジック』ミッキー・ハート著　ジェイ・スティーブンス協力　佐々木薫訳（工作舎）
『音楽療法入門』桜林仁監修　村井精児、林庸二、中村均、泉山中三（芸術現代社）
『音楽療法最前線』小林明　佐々木久夫編（人間と歴史社）
『音はなぜ癒すのか』ミッチェル・ゲイナー著　上野圭一、菅原はるみ訳（無名舎）
『ひらかれた音楽教育』寺西春雄（春秋社）
『うたってよ子守歌』西舘好子、松永伍一協力（アートヴィレッジ）
『タンパク質の音楽』深川洋一（筑摩書房）
『現代のエスプリ（424号）／音楽と癒し』板東浩、吉田聡編集（至文堂）
『人はいかに癒されるか』天外伺朗、湯川れい子他（風雲舎）
『振動音響療法』トニー・ウィグラム、チェリル・ディレオ共著、小松明訳（人間と歴史社）
『新しい音楽療法―実践現場よりの提言―』篠田知璋監修　日野原重明他（音楽之友社）

私が聴くCD——湯川れい子

（※これは私自身のための選曲です。すでに廃盤になった物や、入手困難な物もあります。インターネットで探すことができるかもしれません。）

『デセオ』ジョン・アンダースン　BMG（BVCW—610）

『THE ASIAN HIGHWAY』NHKスペシャル・オリジナル・サウンドトラック　EPIC/SONY RECORDS（ESCK—8027）

『THE MOON』神山純一　ビクター・エンターテイメント（VICG—60041）

『MUSIC OF HOPE』ヴァリアス・アーティスツ　「アメリカ・ガン協会のためのチャリティCD」（TJC—CD.1901）

『サンデー・モーニング』ジェイク・シマブクロ　EPIC,（EICP—121）

『MARVERAND Ⅱ〜幻の大陸』銀河管弦楽団　ナミ・レコード（WWWCP—7127）

『モンド・ヘッド』鼓童　ソニー・レコード（SICP—1）

『和楽』スーザン・オズボーン　ポニー・キャニオン（PCCY—01282）

『アフリカン・コーリング』ディープ・フォレスト　EPIC（ESCA—5666）

『シルクロード組曲』ロンドン交響楽団　CANYON（D36R0017）

『誕生』宮下富美夫　BIWA RECORDS（BW—6603）

『It's FOR You』呉汝俊（ウー・ルーチン）エイベックス（IOCD—20032）BEIJING,CHINA

『エルヴィス・アルティメット・ゴスペル』エルヴィス・プレスリー　BMG（BVCM—31115）

『海流の音楽』神山純一　VICTOR　（VICG—5731）

『プレイヤー・サイクル』ジョナサン・イライアス　ソニー・クラシカル（SRCS—8928）

〔著者紹介〕

日野原重明（ひのはら　しげあき）

一九一一年山口生まれ。一九三七年京都帝大医学部卒業。一九四一年聖路加国際病院の内科医となり、内科医長、院長等を歴任。現在、聖路加国際病院名誉院長・同理事長、聖路加看護大学名誉学長。㈶ライフ・プランニング・センター理事長。日本音楽療法学会理事長。全日本音楽療法連盟会長。著書に超ベストセラーとなった『生きかた上手』と近刊『テンダー・ラブ』（ともにユーリーグ）など多数ある。

湯川れい子（ゆかわ　れいこ）

一九六〇年（昭和三五年）、ジャズ評論家としてデビュー。以来今日までラジオのＤＪ、ポップス評論、解説を手掛けるほか、音楽プロデューサー、作詞のヒットメーカーとしても活躍中。日本音楽著作権協会理事。日本作詞家協会副会長。著書『幸福へのパラダイム』（海竜社）は、現在で十五版目に入るベストセラーとなり、第一〇回日本文芸大賞ノンフィクション賞を受賞している。

音楽力

平成十六年 十 月二十二日 第一刷発行
平成十六年十二月二十四日 第四刷発行

著 者＝日《ひ》野《の》原《はら》重明《しげあき》
著 者＝湯《ゆ》川《かわ》れい子《こ》

発行者＝下村のぶ子
発行所＝株式会社 海竜社
東京都中央区築地二の十一の二十六(郵便番号)一〇四—〇〇四五
電話 東京(〇三)三五四二—九六七一(代表)
郵便振替口座 〇〇一一〇—九—四四八八六
海竜社ホームページ http://www.kairyusha.co.jp

印刷・製本所＝新協印刷株式会社

ISBN4—7593—0842—3